# 颗颗饱满　迈向光芒

## ——基于学校文化的课程建构与实施

周丽　编著

成都时代出版社
CHENGDU TIMES PRESS

**图书在版编目（CIP）数据**

颗颗饱满 迈向光芒：基于学校文化的课程建构与
实施/周丽编著 . -- 成都：成都时代出版社，2025.5
ISBN 978-7-5464-3594-7

Ⅰ . G622.3

中国国家版本馆 CIP 数据核字第 2024AN1237 号

**颗颗饱满 迈向光芒：基于学校文化的课程建构与实施**
KEKE BAOMAN MAIXIANG GUANGMANG: JIYU XUEXIAO WENHUA DE KECHENG JIAN'GOU YU SHISHI

周丽 / 编著

| | | |
|---|---|---|
| 出 品 人 | 钟 江 | |
| 责任编辑 | 周佑谦 | |
| 责任校对 | 樊思岐 | |
| 责任印制 | 江 黎 | 陈淑雨 |
| 装帧设计 | 尚 芳 | |

| | |
|---|---|
| 出版发行 | 成都时代出版社 |
| 电　　话 | （028）86785923（编辑部） |
| | （028）86763285（图书发行） |
| 印　　刷 | 河北文盛印刷有限公司 |
| 规　　格 | 170mm×240mm |
| 印　　张 | 11.75 |
| 字　　数 | 195 千 |
| 版　　次 | 2025 年 5 月第 1 版 |
| 印　　次 | 2025 年 5 月第 1 次印刷 |
| 书　　号 | ISBN 978-7-5464-3594-7 |
| 定　　价 | 58.00 元 |

# 编委会

  与周丽校长相识缘于她参加成都市"未来教育家"培训班的学习，当时我是他们小组的实践导师。她本人多次到我所在的北京正泽学校跟岗学习，交流中，我们从小学数学教学聊到课堂教学指导再到学校管理体验，我很直观地感受到她对教育充满热情且执着而纯粹，说到自己的学校和学校师生，仿佛有说不完的故事。2023 年 10 月，我受邀现场参加了成都市温江区光华实验小学校（以下简称"光华实小"）主办的成都市"未来教育家"课程主题研讨活动。漫步校园，"麦芒"文化特色彰显；深入课堂，"新课标精神"表现鲜明。学校师生良好的精神面貌和学校先进的办学理念及体系化的课程建构实施给我留下了深刻的印象。

  最近欣闻学校文化及课程建设实践文集《颗颗饱满　迈向光芒：基于学校文化的课程建构与实施》即将出版，周丽校长邀我为其作序，我欣然同意，希望给他们的教育实践带去更多的支持与鼓励。今天读到这本书的初稿，让我突然想到周丽校长经常说的一句话，教育是"做"的哲学，带领全体师生"一起做，做起来，持续做，做出来"！本书内容与其说是"写"出来的，不如说是在改革实践中实实在在"做"出来的，有意义又有意思的课程是数十年如一日"做出来"的！

  从理论层面来看，本书对光华实小至美教育思想和"麦芒"文化统领下的"美立方"课程的互动共生进行了分析和探究，丰富了学校课程建设的理论体系，为完善该方向的研究提供了许多有价值的参考和借鉴；进一步完善学校文化理念下独特的教育哲学，不断丰富学校文化内涵并将学校课程建设植根于学校文化上，使学校文化真正落实到学校课程中，优化课程结构和内容，体现学校精神和文化品性，回归教育本真，实现文化育人，促进学生全面发展。

  从实践层面来看，本书以光华实小建校近 10 年的课程建构实施历程为载体，从宏观到微观，还原了学校课程建设路径及改革思路和实践历程，促进了学校课程文化的重构、课程愿景的描绘和课程体系的建构，特别是基于基础课程、拓展课程、探究性课程的序列实践经验，可以帮助更多教育同行更有效地进行学校课程体系建设与高质量实施，为中小学一线实践者提供了非常有实效性、创造性的实践参考。

"美立方"课程的建构充分基于儿童视角，坚持小步慢走、螺旋上升的课程开发模式，在独有的办学进程中挖掘、创造、生长、优化，创新探索出更适合本校学生实际的课程，让课程实施内化于心、外化为行。课程主张从学科本位转向育人本位，站在整体育人的高度看待各学科功能与价值，引领教师跳出学科本位，改变教育教学方式；倡导突破学科分化的单一思维，鼓励多样联结与多种融合，基于现实问题进行跨学科主题学习，以整体的教育培养整体的人，以整体的课程培养整体的学生；注重课堂教学中的多维融合，广泛采用体验、探究、小组合作的学习方式，从标准培养转向差异培养，形成综合认知结构，促进学生核心素养的发展；充分彰显基于学校文化的课程场景化育人功能，设计、开发、印制和使用的学生六年阶梯发展的五育融通"微光手册"，具有鲜明的学校文化特色，既能体现出评价主体的多元化，又能关注到课程实施的动态变化，让评价过程成为学习体验的一部分，实现尊重差异的"增值性"评价。

"与生活更近，向未来出发，让人生向宽而行"，这是光华实小"美立方"课程提出的课程愿景，是学校不断完善课程体系、丰富育人活动、彰显学校文化及课程育人功能、实现高品质发展的实践动力。我们相信，在学校师生的共同努力下，光华实小孕育的"麦粒"一定能颗颗饱满，迈向光芒！

李 烈

（北京市正泽学校校长，正高级职称，北京第二实验小学原校长。现任国家教材委员会委员，国家督学，中国教育学会学术委员会常务副主任，中国教育学会小学教育专业委员会理事长。）

在这个充满变革与挑战的时代，教育作为培养未来社会栋梁的重要途径，其发展与创新始终是社会各界关注的焦点。在教育的长河中，每一所学校都如同一艘独特的小船，承载着各自的使命与愿景。如何在这浩渺的教育海洋中，找到一条适合自己发展的道路，构建独具特色的课程文化，实现育人理念的落地生根，始终是每一所学校面临的重大课题。

我作为成都市温江区光华实验小学校（以下简称"光华实小"）周丽校长（成都市"未来教育家"培育对象）的导师，曾多次到成都特别是温江，听到教育局领导和校长们对光华实小办学成绩的肯定与称赞，也曾到光华实小比较深入地了解学校的办学理念、办学历程、学校文化和课程建设，就学校文化与课程建设进行专题指导。记得我在现场表扬了光华实小在学校办学与研究中的五个优点：一是理念系统全面，办学目标清晰；二是学校文化充分发挥了引领作用，课程建设思路清晰；三是课题研究深入有实效，既有理论依据，又有实践支撑；四是教师研修与课堂主张符合新课程标准要求；五是视角系统上的物质文化有特色，从精神文化到物质意象，文化符号深入人心。同时，也提出了四个建议：一是学校文化理念可以不断更新迭代，精炼表达；二是要重视精品课程建设；三是要强化结果导向，重视闭环管理；四是要统一学校文化符号。

今天，我们欣喜地看到，光华实小通过近十年的不懈努力，在课程文化建设上取得了显著的成果，并将经验与思考凝结成册，以《颗颗饱满 迈向光芒：基于学校文化的课程建构与实施》一书的形式，呈现给了广大教育工作者。在阅读本书的过程中，我被光华实小的创新精神和实践勇气深深打动。光华实小没有满足于传统的教学模式，而是勇于探索，不断尝试，最终形成了一套独具特色的"美立方"课程体系。

本书全景式地展现了光华实小课程发展的历程，从单一的点状亮点建设到德育、智育、体育、美育、劳育校本课程的初步建构，再到"三阶—五美"整体建构课程体系的形成与高品质实施，每一步都凝聚了学校师生的智慧与汗水。光华实小通过"顶层设定目标—系统建构体系—序列实践策略—多维保障效果"的路径，成功构建了"美立方"课程，这不仅是对学校顶层理念体系的生动诠释，更是对核心素养落地的具体实践。

书中不仅深入剖析了学校课程文化重构的学理基础与主要问题，还详细阐述了解决路径及其彰显的特色。特别是基于基础课程、拓展课程、探究性课程的序列实践经验，以及课程评价、资源、环境等方面的思考与创新，为我们提供了宝贵的启示。光华实小的这一探索，不仅促进了学生的全面发展与个性成长，也推动了教师观念的转变与专业成长，更实现了学校的特色发展与品牌创建。

更为重要的是，光华实小通过实践探索，总结出了学校文化与课程文化育人的校本策略，为兄弟学校和区域教育发展提供了实实在在的启发与经验。这对于提升其他学校的办学水平和教育质量、扩大优质教育资源覆盖面、实现区域内学校共同发展具有重要意义。

本书既有学校理论体系的建构，也有实践探索的策略、方法及大量佐证案例，是一本极具参考价值的作品。它不仅可供教育管理者、学校教师等参考，也可作为大专院校相关专业师生的参考资料。我相信，通过本书的学习与借鉴，更多的教育工作者将能够找到适合自己学校的发展道路，共同推动我国教育事业的繁荣与进步。

最后，我要对光华实小的师生表示衷心的祝贺与崇高的敬意，是他们多年的辛勤付出和不断探索，为本书的出版提供了丰富的素材。他们的探索与实践，不仅为学校赢得了荣誉，也为教育事业的发展做出了重要贡献。愿光华实小在未来的发展中，继续发扬"美立方"课程的精神，精诚团结，追求卓越，为国家和民族培养更多优秀人才，为国家的繁荣和发展做出更大的贡献。

是为序。

赵德成

（北京师范大学教育学部教授、博士生导师，主要从事教育测量与评价、学校评估、影响力评估、教育人力资源管理、教师专业发展等领域的研究。）

时光树下的美立方拾起镌刻在时光树下的寄语，此刻您驻足的地方，正是每一个光华实粒少年"梦"开始的地方。走进光华校园，有一种隆重的相逢，我们喜称它为：相约时光树下。秋日的阳光，弥漫着博爱与柔情，总是在不经意间让我们发现、感受到世界的美，就让我们随光而行，在阳光照拂的时光树下邂逅美立方吧！何谓"美立方"？它如同一幅徐徐铺开的画卷，向我们呈现出光华"小麦粒"从生根到发芽，从拔节到成穗，一步步茁壮成长的点滴。它让至美校园里遍布着生长的美、实粒的美、光华的美，它让"美"成为这片灵动土地上永恒的主题。

课程是育人的载体，承载着学校文化，聚焦育人目标，引领个性发展，唤醒教育活动中的每一个生命！从建校之初的点状亮点课程建设到初步建构德育、体育、美育校本课程，再到以"麦香""麦粒""麦浪""麦艺""麦创"对应五育整体建构课程体系，成都市温江区光华实验小学校（以下简称"光华实小"）通过"顶层设定目标—系统建构体系—序列实践策略—多维保障效果"的路径构建与实施"美立方"课程，慢慢成体系的课程真正让核心素养落地，促进课程智慧生成和校园品质提升。

"美立方"课程寓意学校课程的立体和多维，既关注学科领域的美，也注重品德教育，更致力于培养孩子对美的感受和创造。它以国家课程为基础，融汇地方和学校的特色，建构实施德行立美、身心竞美、人文智美、艺术审美和科劳创美"五美"课程，每个领域都从基础课程、拓展课程、探究课程"三阶"循环，满足不同层次和方向的学习需求，激发学生的参与热情和自信心，旨在培养学生的品格、思维、兴趣和创造力。"美立方"课程的诞生，承载着光华实小课程改革取得的丰硕成果，同时，随着课程改革的推进，凝结着光华人智慧的"思享课堂"应运而生。思享课堂是一种课堂形态，更是一种教学理念，秉承素养立意，彰显学本立场，培养"四小至美娃"发展思考力、提升合作力、增强表达力，通过"知识清香、过程亲尝、思维烹饪、理解分享"创造静态和动态相结合的思维与分享模式，实现师生的"思享碰撞，共生共长"。思享课堂让"美立方"课程的育人价值得以升华，课堂让课程改革真正发生，亦真正发声。

本书由绪论及七章内容组成，具体如下：

绪论部分，主要是学校文化和课程建设的重要性及二者的关系，特别是基于学校文化的课程建设的一般理论介绍（由周丽、刘锋执笔）。

第一章是课程文化的重构，主要通过至美教育生成机理阐述了学校"生命教育·至美主张·麦芒文化"理念体系及"美立方"课程的萌芽、迭代和完善，以及对提出的课程愿景进行阐释（由周丽执笔）。

第二章阐述了"美立方"课程体系建构的原理及其主要内容（由周丽、刘锋执笔）。

第三、四、五章分别从"思享"课堂抓质效、学科拓展扬特长和跨学科课程强素能三个方面介绍"美立方"课程序列化实施，以及基础课程、拓展课程、探究性课程的序列实践经验（由周丽、卢杨、刘恒作、刘锋、邓梅、杨海燕、黄可、李兆虎等执笔）。

第六章是课程序列实践的特别篇章，主要呈现了学校"穗阅读"师生课程的特色实践和成果（由周丽、段蕴航执笔）。

第七章阐述了关于"美立方"课程的评价、资源、环境等方面的思考、创新举措和成效，以及课程实施的"趣"评价闭环、"全"资源统筹和"美"环境打造（由周丽、邓梅、刘锋、张书侨执笔）。

好的学校课程需要在自己的教育史中不断传承和发展，慢慢"长"出来的课程才能真正促进课程智慧生成和校园品质提升。年轻的光华实小深信：这张大课表必将继续迭代生长，与世界更近，向未来出发，让人生向宽而行！

周　丽

2024 年 6 月

# 目 录 ||||

# 绪　论

在全球化与信息化的背景下，教育正经历深刻的变革，传统单一的课程模式已难以满足多样化人才需求的培养。2023年，教育部印发的《关于加强中小学地方课程和校本课程建设与管理的意见》指出，中小学地方课程、校本课程是按照国家课程方案规定开设的课程，是基础教育课程体系的重要组成部分，明确了以习近平新时代中国特色社会主义思想为指导，坚持为党育人、为国育才，发展社会主义先进文化、弘扬革命文化、传承中华优秀传统文化，落实有理想、有本领、有担当的时代新人培养目标，遵循教育教学规律和学生成长规律，把培育和践行社会主义核心价值观融入课程建设全过程，强化课程管理，激发地方和学校课程建设活力，构建以国家课程为主体、地方课程和校本课程为重要拓展和有益补充的基础教育课程体系，增强课程适应性，实现课程全面育人、高质量育人。

学校文化，作为学校灵魂的体现，不仅塑造着学校的独特身份，更在课程建设中扮演着至关重要的角色。本书立足于当前教育改革的大潮中，旨在揭示学校文化如何深刻影响课程的设计、开发与实施过程，探索在课程建设中如何有效融入学校文化，在理论指引和实践中慢慢建设起有学校特质的课程体系并高品质实施，以期实现教育理念与实践的深度融合。

## 一、学校文化的定义与重要性

学校文化是指学校全体成员或部分成员在学校这一特定环境中共同习得、共享并表现出来的思想观念、价值观、行为习惯、传统习俗、规章制度以及物质环境的总和。它涵盖了显性文化和隐性文化两个层面，其中，显性文化包括校园建筑、环境布置、仪式活动等可以直接观察到的内容；隐性文化则涉及学校的传统、校风、学风、人际关系、集体舆论、心理氛围及非正式的行为规范等不易直接观察的方面。

学校文化是学校生命力的体现，对于营造健康的学习环境、促进教学质量、培养学生人格、提升学校整体形象、实现教育目标等，都具有不可忽视的重要作用。

学校文化为师生提供了共同的价值观和行为准则，引导他们的思想和行动，形成积极向上的校风和学风。良好的学校文化能激发教师的教学热情和学生的求知欲望，提高教学质量和学习效果。通过丰富的校园活动和正面的文化氛围，学校文化有助于培养学生的综合素质，包括社交能力、团队合作精神、创新意识等，为学生的全面发展奠定基础。优秀的学校文化能够增强学校的知名度和社会认可度，吸引更多的优秀师生，有利于学校的可持续发展和品牌建设。学校文化还能加强学校与社区、家庭之间的联系，形成良好的外部环境，共同促进学生的健康成长。在快速变化的社会环境中，学校文化作为内部凝聚力的源泉，能帮助学校更好地适应外部变化，推动教育创新和改革。

因此，构建和维护一个积极而健康的学校文化，是教育管理中的关键任务。

## 二、课程建设的定义与目的

课程建设是指在教育机构中，为了提高教育质量和教学效果，系统地规划、设计、实施和完善课程内容、教学方法、评价体系及支撑条件等一系列活动的总称。这一过程旨在确保课程能够满足学生的学习需求，符合教育目标，并适应社会发展的要求。课程建设是一个持续改进的过程，涉及课程目标的确立、课程内容的选择与组织、教学策略与方法的创新、教学资源的开发与整合、师资队伍的建设和评估反馈机制的建立等多个方面。

课程设计的理论流派众多。其中，杜威的经验主义教育理论，强调教育应紧密联系实际生活，以学生的兴趣和经验为中心；维果茨基的社会文化理论，认为学习是个体在社会互动中构建知识的过程；布迪厄的文化资本理论，关注教育在社会流动中的作用。此外，建构主义、批判理论等也为课程设计提供了不同的视角，每种理论都有其独特的贡献，也对课程内容的选择、教学方法的应用产生了深远的影响。

课程建设的主要目的是通过精心设计的课程内容和教学活动，促进学生在知识、技能、情感态度等方面的全面发展，培养学生的创新能力和实践能力，以及形成正确的价值观和世界观。优化课程结构，更新教学内容，采用现代教育技术和方法，提高教学效率和效果，确保学生有效学习并达成学习目标。课程建设直接服务于学校的教育目标和人才培养方案，通过课程的科学设置和有效实施，保障教育目标的落地和实现。在课程建设过程中，教师需要不断学习新的教学理念和技术，并参与课程研发，这有助于提升教师的专业素养和教学能力。课程建设鼓励教学模式和课程内容的创新，适应社会经济和科技发展的新趋势，引领教育体系的持续进步。构建科学规范的课程管理和评价体系，可以为课程的持续改进和质量保障提供制度支持。

课程建设是实现教育现代化、提升教育质量、培养适应未来社会发展需要的人才的关键环节。

## 三、学校文化与课程建设的关系

学校文化和课程建设之间存在着密切而复杂的关系，它们相互作用、相互影响，共同塑造学校的教育生态和教学质量，二者的和谐统一是实现高质量教育和促进学生全面发展的关键，二者缺一不可。学校文化为课程改革提供深厚的土壤，良好的文化氛围可以促进课程创新和有效实施，二者相互支撑，共同促进学校教育质量的提升。在面对社会变迁和教育改革时，学校文化为课程的适应性调整提供了依据和动力，而课程的适时变革又可以反哺学校文化，使其保持活力和时代性。

（一）学校文化为课程建设提供方向性和一致性

学校文化体现了学校的教育理念、价值观和使命，为课程建设提供了方向和框架，课程内容、教学方法和评价标准等都应与学校文化的核心价值保持一致，确保教育活动服务于学校的总体目标。同时，学校文化不断规范和指导课程的设计与实施，可确保课程内容与教学方式符合学校的教育理念和文化定位，结合学校文化的课程建设，能更有效地实现学生的全面发展。

学校文化对课程目标有着深刻的影响。这种影响体现在多个层面，学校文化通常蕴含了特定的价值观、教育理念和信仰体系，这些都会直接作用于课程目标的设定。学校文化中对于知识类型和学习方式的偏好会影响课程内容的选择与设计。学校文化也会影响教学策略和评估标准。学校的文化氛围，包括物理环境和心理环境，能够为课程目标的实现创造条件。学校文化中的师生互动模式和学生之间的关系，影响着学生的学习态度和动机，进而影响着课程目标的实施效果。尊重学生个体差异、鼓励自主学习的学校文化，会促使课程目标更加注重个性化学习和自我管理能力。学校文化对于变革的态度，特别是对新课程理念的接纳程度，决定了课程目标是否能够随时代发展而更新。一种鼓励创新、包容多元的学校文化，将更有利于课程目标与社会文化、科技发展趋势保持同步。学校文化不仅塑造了教育的总体方向，还具体指导了课程目标的确立与实践，是连接学校愿景、教育实践与学生发展的重要桥梁。

学校文化对课程内容具有显著的影响。这种影响表现在多方面，如学校的教育理念和核心价值观会渗透到课程内容中，以确保教学内容符合学校的整体导向。学校文化往往植根于当地或国家的文化传统，这促使课程内容纳入反映本土历史、艺术、文学和社会实践的相关内容，以传承和弘扬本土文化。根据学校特色和优势，课程内容会有所侧重。比如，以科技见长的学校可能在课程中加强 STEM 教育，而艺术类学校则会增加艺术创作、音乐和表演艺术的课程比重。学校文化若强调全面发展，课程内容会趋向于跨学科整合，以促进学生在人文、科学、艺术等多个领域的均衡发展，有利于培养学生的综合素养。学校文化如果重视社会责任和公民意识的培养，课程内容会涵盖社会服务、环境保护、公民道德等社会课题，提升学生对社会问题的关注度和解决能力。学校文化通过影响课程内容的选择与设计，不仅传授知识，更在无形中塑造学生的价值观、思维方式和行为习惯，为学生的全面发展奠定基础。

学校文化对课程实施的影响是全方位的。它不仅塑造了教学环境，还影响着教师的教学方式、学生的学习态度以及整个教学过程的组织与管理。学校文化倡导的教学理念直接影响教师的教学风格和方法。例如，如果学校文化鼓励探究式学习，教师可能会采用更多的讨论、实验和项目式学习来实施课程，而不是采用传统的讲授式教学。学校文化中关于师生关系的定位会影响课堂互动。尊重学生意见、鼓励学生主动参与的学校文化会促进更加平等、开放的师生对话，增强学生的课堂参与度和主动性。学校文化如果强调家校合作和社区参与，课程实施会延伸至课外，通过家长讲座、社区服务学习等方式，丰富学生的学习体验，同时让家长和社区成为课程实施的支持力量。学校文化对资源的认识和利用会影响课程实施，学校文化对评价观念的设定会影响课程实施的评估方式……学校文化为课程实施创建了一个独特的框架和背景，是决定课程能否有效实施、达到预期教育目标的关键因素之一。

学校文化对课程评价具有深刻的影响。学校文化中蕴含的核心价值观和教育理念会直接影响课程评价的标准和侧重点。如果学校强调全人教育，那么课程评价可能不仅关注学生的学业成绩，还会重视学生的品德发展、社会实践能力、创新能力等。学校文化倡导的评价方式会渗透到课程评价实践中。例如，鼓励探究式学习的学校文化可能会采用项目式评价、同伴评价和自我反思等多元化评价方法，而不仅仅是传统的笔试测试；鼓励教师参与到评价设计中来，确保评价能够反映学生的真实学习情况和成长过程。学校文化如果注重培养学生的自主性和批判性思维，那么在课程评价中会鼓励学生积极参与评价过程，通过自我评价和同伴评价等方式，促进学生反思学习，提升元认知能力。强调持续改进的学校文化会促使课程评价成为一种循环迭代的过程，评价结果被用作调整教学策略、优化课程内容的依据，而不是简单的等级评定。学校文化的外延包括学校与社区的互动，比如强调社区参与和服务学习的学校，其课程评价可能会包括社区服务项目的成效与学生社会责任感的评估。学校文化通过塑造评价理念、方法、参与者的态度与行为，以及评价的最终用途，全方位地影响着课程评价的实施与效果。

（二）课程建设是学校文化的具体化和实践化

课程建设是学校文化在日常教学活动中的体现，学校文化通过课程得以传承和强化。学校文化通过营造积极的学习环境和精神氛围来推动课程建设的创新与实践，课程建设则通过系统的知识传授和能力培养来传承和发展学校文化，两者共同促进学生在认知、情感、社会性和道德等方面的均衡成长。课程不仅是知识传授的载体，也是学校文化传播的重要途径，只有将学校文化的核心元素和特色融入课程内容、教学方法和评价体系，才能更好地让学习过程成为文化传承与创新的载体。

课程建设在促进学校文化传承时扮演着至关重要的角色。通过课程建设，学校可以设计和实施一系列旨在培养学生人文素养、科学精神和社会责任感的课程。这些课程不仅传授知识，更重要的是能够培育学生的品格，立德树人，使他们能够认同并自豪于自己的文化传统，如经典阅读、传统艺术、历史探究等，让学生在学习中直接接触和体验传统文化的魅力。课程作为学校日常教育活动的核心，其内容和形式直接塑造了校园文化的风貌。通过精心设计的课程体系，学校可以营造出独特的学习氛围和价值导向，形成具有特色的校园文化，比如鼓励创新、尊重多样性或者强调社会责任等。校本课程建设是学校文化传承的重要途径之一。学校可以根据自身的历史、地理位置、社区特点等因素，开发具有地方特色和学校特色的课程，这些课程往往更能贴近学生实际，激发学生的学习兴趣，同时也能强化学校的文化特色和品牌。教师是学校文化的重要承载者和创造者，通过参与课程设计、教材编写和教学方法研究，教师能深化对传统文化的理解，提升个人文化素养，进而更好地在教学活动中传承文化。课程建设还可以通过与社区合作，引入外部资源和实践经验，如邀请非物质文化遗产代表性传承人进校园、组织学生参与社区文化活动等，丰富课程内容，促进学校与社区之间的文化交流和共享，共同维护和传承文化。总之，课程建设是学校文化传承的重要支点，通过系统性的课程设计与实施，可以有效地将传统文化的精髓融入现代教育，为学生的全面发展奠定坚实的基础，同时也为学校文化的繁荣发展提供源源不断的动力。

课程建设是学校教育活动的核心组成部分，更是塑造和强化学校文化的关键力量。课程建设通过课程内容、教学方法和评价体系的设计，将学校的教育理念和核心价值观具体化、实践化。例如，若学校强调创新与实践，则课程中会融入更多的项目式学习、实验操作和创新挑战，使学生在实践中体会和内化勇于探索、追求变革、躬耕笃行、求真务实的价值观。课程建设既能够传承历史文化、民族精神等传统元素，又可以融入现代科技、国际视野等创新内容，成为连接过去与未来、本土与全球的桥梁，丰富和拓展学校文化的内涵；通过与社区、行业及高等教育的合作，可引入多样化的教育资源和文化元素，促进学校与外界的文化交流与融合，增强学校文化的开放性和包容性。针对学校特色和优势资源而开发的诸如艺术、科技、环保教育等特色课程，不仅能够提升学校的教育品质，还能显著增强学校的文化识别度，形成独特的学校品牌。课程建设鼓励教师进行教学创新、合作研究和专业发展，有助于形成积极向上的教师文化；能激发学生的学习热情，支持学生的个性化发展，促进其德智体美劳全面发展，促进良好学风的形成，这些均是学校文化的重要组成部分。在课程建设中融入公平、包容的原则，如提供针对不同学习需求的差异化课程，支持特殊教育需求的学生，能够促进教育公平，构建多元共融的学校文化环境。总之，课程建设通过其内容、结构、实施和评价的全过程，深刻地影响和塑造着学校文化，是推动学校文化发展、彰显学校特色、实现教育目标的关键途径。

## 四、基于学校文化的课程建构与实施

（一）学校课程建设的理论基础

课程设计的理论基础丰富多彩，每一派别都为教育实践提供了深刻洞见和创新思路。其中，杜威的经验主义教育理论尤其强调教育与生活的紧密结合，主张将学生置于真实或模拟的真实情境中，通过亲身体验和实践来学习，从而激发学生的学习兴趣，促进知识的内化和能力的发展。他提倡教育应关注儿童和实际经验，强调"做中学"，课程应真实地反映直观世界的问题和情境。这种以学生为中心的教学理念，要求课程内容不仅要反映学科知识的本质，还要关注学生的个体差异，满足不同学生的兴趣和需求，使学习过程充满乐趣和挑战。

维果茨基的社会文化理论则从另一个角度出发，强调了社会互动在学习过程中的核心地位。他认为，学习是通过与他人（如教师、同伴）的交往和合作，在特定的社会文化背景下构建知识的过程。他提倡通过"最近发展区"的概念来设计课程，即在儿童现有能力和潜在能力之间搭建桥梁。因此，课程设计应当重视培养学生的社会交往能力和团队合作精神，通过小组讨论、角色扮演、项目合作等形式，让学生在互动中学习，在交流中成长。同时，教师的角色也从传统的知识传授者转变为学习活动的引导者和支持者，帮助学生在社会互动中探索和解决问题。

布迪厄的文化资本理论则深入探讨了教育与社会流动之间的关系。在他看来，教育不仅仅是知识和技能的传递，更是一种文化资本的积累，它能够影响个人的社会地位和未来发展的可能性。因此，课程设计不仅要关注知识的传授，还要注重培养学生的人文素养、批判性思维和社会适应能力，使学生能够在多元化的社会环境中保持竞争力，实现自我价值。

此外，建构主义理论强调学习是个体主动构建知识的过程，倡导通过问题解决、探究学习等方式，激发学生的好奇心和创造力，促进深度学习。批判理论则鼓励学生对社会现象进行反思和批判，培养学生的社会责任感和公民意识，引导他们成为具有独立思考能力和批判精神的现代公民。

综上所述，不同的教育理论为课程设计提供了多样的视角和策略，无论是经验主义、社会文化理论、文化资本理论，还是建构主义、批判理论，都不同程度地丰富了教育实践，推动了教育改革的进程。在实际操作中，教师和课程设计师可以根据具体的教育目标、学生特点和资源条件，灵活运用这些理论，创造出既符合教育规律又贴近学生需求的优质课程，促进学生的全面发展。本书主要采用这些理论，开展基础教育小学阶段的课程体系建设与实施研究。

（二）学校课程建构需关注的重点

课程建设是实现教育现代化、提升教育质量、培养适应未来社会发展需要的人才的关键环节。构建课程体系是一个复杂而细致的过程，它直接关系到教育质量和学生的学习成效。在设计课程体系时，应综合考虑多种核心要素和原则，以确保课程既能满足学生全面发展的需求，又能适应社会和时代的发展要求。构建课程体系时，需要综合考虑学生中心、学科整合、实践导向等方面的情况，同时，注重创新能力培养、信息技术融合、文化与价值观教育以及持续评价与反馈，以期达到培养全面发展、适应未来社会所需的人才的目标。

学生中心，即以学生为中心。意味着课程设计需充分考虑学生的兴趣、需求、学习风格和能力差异，提供个性化的学习路径和支持。包括采用多样化的教学方法、评估方式以及灵活的学习资源，以促进每个学生的最大化发展。

学科整合。学科整合强调不同学科知识之间的联系与融合，鼓励跨学科学习，帮助学生建立更加全面的知识框架。这不仅有助于学生理解知识的内在联系，还能培养其解决问题的综合能力。

实践导向。强调理论与实践相结合，通过实验、实习、项目式学习等方式，增强学生的实践操作能力和问题解决能力。实践导向的学习能够帮助学生将抽象知识转化为实际技能，提高其动手能力和社会适应能力。

创新能力培养。在课程体系中融入创新思维和创新能力的培养，鼓励学生探索未知、敢于质疑、勇于创新。可以通过设置创意工作坊、创新竞赛、科研项目等形式实现。

信息技术融合。充分利用现代信息技术，如在线学习平台、数字化资源、人工智能辅助教学等，提升教学效率和学习体验。信息技术的融合能为学生提供更加多样化、更加灵活的学习机会，同时也能培养学生的信息素养和数字技能。

文化与价值观教育。在课程内容中融入社会主义核心价值观和多元文化教育，培养学生的全球视野、文化包容性、社会责任感和道德情操。这有助于学生形成正确的世界观、人生观和价值观。

持续评价与反馈。建立有效的课程评价体系，不仅评价学生的学习成果，也对课程设计和实施过程进行反思与调整。持续的评价与反馈机制可以确保课程体系的动态优化和质量提升。

（三）学校课程体系的重要性

课程体系是教育目标的具体化。它将抽象的教育理念转化为实际的教学内容和方法。课程设计必须围绕培养目标，确保学生能够获得必要的知识、技能和态度。

课程体系决定了学生的知识结构。它包括基础知识、专业知识和综合能力的培养。科学合理设置课程体系可以促进学生全面发展，帮助他们建立系统性的思维框架和提高解决问题的能力。

课程体系是教育质量控制的基础。它包含课程目标、内容、教学方法、评估手段等，这些要素共同作用，确保教育输出的质量达到预期标准。

课程体系需随社会发展不断更新，以反映社会、科技和经济的变化，确保教育与社会需求相匹配，培养符合未来社会需要的人才。

课程体系需支持学生全面发展的需求。现代教育强调学生核心素养的培养，如批判性思维、创新能力、终身学习能力等，因此课程体系的建构需要纳入这些元素。

课程体系为师生教学活动提供指导。教师根据课程体系制订教学计划，同时也为学生学习成效的评估提供了框架，学生的学习进度和成效应以此为基准进行评价。

课程体系连接教育理论与教育实践。它是理论与实践的桥梁，对确保教育质量和满足社会需求至关重要。一个精心设计的课程体系能够促进教育目标的实现，支持学生全面发展，并与社会发展保持同步。

课程体系体现了学校的教育哲学和特色。它是学校文化和品牌形象的重要组成部分，独特的课程设置可以成为学校吸引学生和家长的优势。

（四）学校文化与课程建设的协同发展

学校文化与课程建设的协同发展是实现教育目标、提升教育质量的重要途径。以下几点策略有助于促进二者的有效结合与相互促进。

（1）共同愿景与价值观的构建。应确立学校的核心价值观和教育理念，确保课程建设与学校文化在根本上保持一致，共同引导教育实践的方向。

（2）文化主题融入课程设计。在课程设计之初，就应考虑如何将学校文化的核心元素和特色融入课程内容、教学方法和评价体系中，让学习过程成为文化传承与创新的载体。

（3）实践与体验式学习。通过实践活动、项目学习、实地考察等方式，让学生在实践中体验和内化学校文化，同时增强课程的实用性和趣味性。

（4）教师文化的培育。教师是课程实施的关键，通过教师培训、教学研讨、文化沙龙等活动，提升教师的文化素养和教学能力，使他们成为学校文化与课程建设的桥梁。

（5）学生主体地位的强化。鼓励学生参与课程设计、文化活动策划，尊重他们的意见和创意，让学生在参与中感受和塑造学校文化，增强归属感和自我认同。

（6）评估与反馈机制的完善。建立包含文化素养、创新能力、道德情操等要素的多元评价指标，通过定期的课程评价和文化活动反馈，及时调整策略，确保学校文化与课程建设的持续优化。

（7）家校合作与社区参与。加强与家庭、社区的合作，邀请家长、行业专家、社区成员参与学校活动和课程建设，形成内外联动的教育生态系统，拓宽文化教育的边界。

（8）科技与文化的融合，现代信息技术的利用。利用数字化教学资源、虚拟现实技术等，创新课程呈现方式，同时在课程中融入科技伦理、数字公民等现代文化内容，促进学生全面发展。

（9）持续的创新与反思。鼓励课程与文化活动的持续创新，定期组织反思会议，探讨如何更好地将学校文化精髓融入课程，实现教育的与时俱进。

（10）案例分享与经验交流，建立校际间的交流平台。分享课程建设与学校文化发展的成功案例和经验教训，促进知识共享与共同进步。

通过这些策略的实施，学校文化与课程建设可以形成良性循环，相互滋养，共同促进学校整体教育质量的提升，为学生营造一个更加丰富且有意义的学习环境。

学校文化与课程建设是相互作用、相互促进、相辅相成、不可或缺的两个方面，它们共同构成了教育质量的基础，共同作用于学校的教育实践，涉及学生情感态度、价值观的形成，在塑造学校精神面貌、促进学生全面发展、提升教育质量和形成学校特色等方面具有至关重要的作用，影响着人才培养的质量与方向。通过不断优化和创新，两者可以携手共进，推动学校教育事业的全面发展。

今天的课程是孩子们学习的跑道，未来却有可能成为串联他们点点滴滴人生轨迹的那条线，课程与人生充满了"剪不断，理还乱"的联系。课程是跑道，是人生发展的轨迹，它引领学生走向一种构想中的美好生活，是通往未来的教育旅程计划。课程也是塑造学生心智模式的重要工具，有什么样的课程，就会有什么样的思维方式和行为方式。今天的课程内容与结构，往往决定了未来学生的素养知识结构，今天的课程格局，往往决定了未来世界的发展格局。

　　面向未来，我们唯一能确定的就是未来的不确定性。面向未来的学校课程建设是一个系统工程，需要教育者、决策者、家长以及社会各界的共同努力，通过持续探索和创新，以适应并引领教育的未来发展。

# 第一章　抽象到具象：课程文化的重构

## 第一节　至美教育的生成机理

### 一、至美教育的生成背景

（一）时代背景与教育变革之需

在全球化和信息化快速发展的当代社会，技术进步为教育提供了新的工具和平台，但也加快了知识更新的速度，对个体的学习能力和创新能力提出了更高的要求。传统的教育模式已难以满足这些新的要求，教育的目标和内容需要不断调整和更新，以适应新的社会需求。

面对挑战，学校教育需要对未来教育的发展趋势有前瞻性把握，以独特的办学方向响应国家意志、社会期待与个人需求的综合召唤，引领教育改革和创新浪潮。《基础教育课程教学改革深化行动方案》等国家政策法规强调了以习近平新时代中国特色社会主义思想为指导，全面贯彻党的教育方针，落实立德树人根本任务，发展素质教育，促进教育公平，培养能够适应社会发展需求、具备创新精神和实践能力的高素质人才。社会各界对教育的期望也体现在对教育品质的追求以及教育与地区发展同步的愿望上，比如成都市温江区委区政府提出的"五个之城"发展目标和"幸福温江·美好之城"的发展理念，不仅描绘了温江的未来蓝图，也为教育提供了发展方向。

（二）学校传承与内涵发展之需

1.缘起：至美教育初提

2015年，成都市温江区光华实验小学校（以下简称"光华实小"）提出至美教育理念，缘起于学校是新建校，本就没有历史积淀，但我们对教育有着美好的追求，且每一位光华实小人都有着美好的教育情怀，更希望能以我们的努力让学校的教育回归教育本质，即尊重人、关怀人性、培养追求美好的人。至美教育的内涵可分为三个层次：首先是尚美，即价值追求，对美的态度和追求；其次是审美，即价值选择，追求美的原则、过程和方法；最后是立美，即价值达成，美的目标和结果达成。

可能是由于学校处于建设发展初期，团队更多地着力于基本的、规范的及可见、可感、可触、立竿见影的操作执行，或者说对儿童而言"德、行、真、美"相对抽象且模糊，缺少对至美概念的深度解读、延展及应用，尚美、审美、立美多停留于学校的三栋楼名，还没能从思想上引领师生形成共同的价值观念、思维习惯和行为方式，更没有形成完整的思想体系带动学校特色发展。

2. 迭代：学校文化重构

2019 年，分管教学的我从首任校长手中接过学校的全面管理工作。从那个春天开始，陶行知先生的名言"国家把整个的学校交给你，要你用整个的心去做整个的校长"就成为我的座右铭，努力践行"真"教育、"静"校园、"宽"课程、"思"课堂的教育"四字箴言"。作为一所新学校，光华实小建校不到五年已迅速扩张至 73 个班近 3700 名学生（2024 年 9 月已达 4500 余人，90 个教学班），这样一个庞大的团队只能靠思想来凝聚，靠文化去塑造，引领师生回归教育的本真，走向更美好的未来。

2019 年 9 月，学校转型实行"两自一包"办学模式，即教师自主、管理自聘、经费包干，赋予了学校和教师更大的自主权，教师的工作热情被充分激发，我们不仅在教育教学上精益求精，更是在教育创新中展现出巨大的潜力和影响力。2020 年，学校教育思想文化建构团队基于儿童视角重构了"生命教育·至美主张·麦芒文化"的顶层理念体系，为至美教育思想赋予了生命教育样态的底色和麦芒文化符号的表达，不断丰富迭代学校文化体系。生命教育就是激发唤醒生命，引导孩子认知自我、发现他人、发现世界，向内链接自我，向外链接世界，不断实现内向与外向的转化，明晰并完善生命的自然（生命长度）、社会（生命宽度）、精神（生命高度）三种属性。因此，至美教育主张聚焦"人"的发展，要看到人、重视人，一切以人为中心；主张主动追寻心中"至美"的图画，成为更好的自己；主张人与人、组织与组织、人与组织之间互联互通、共生共长。小麦是温江古蜀农业文明主要种植作物之一，小麦向下扎根，向上拔节，越饱满越谦逊；"芒"与"光华"意象相关联，是至美之"美"的终极状态，因此"麦芒"成为学校精神文化的象征，也成为至美教育思想一步步丰富具象、走深走实的形象代言。

## 二、至美教育的内涵解读

### （一）概念定义

至美是达到美的意思，美是一种事物发展的和谐状态，让人成为更好的自己。至美教育倡导以学生为中心，不仅注重学生的知识技能发展，更重视学生情感、心理和价值观的培养，同时关注学生个性化成长、创新能力培养，努力帮助每一个学生发现自我，实现自我的内心饱满和外在闪耀，促进个体与组织共同的持续完善和循环迭代。

### （二）理念体系

至美教育思想是学校文化核心，麦芒寓意至美的"美"的终极状态，是利于传播的具象化的精神文化符号，并基于此学校顶层理念体系不断建构和完善。

（1）办学理念。"时光成长充实美"的办学理念蕴含了光华实小内涵式的发展观，是一个持续和全面的过程。生命的价值在于成长，成长是光华实小永恒的主题，为师生提供光华，整合资源，给予动能，以心育之，以智启之，以美化之，在每一天、每一处不断充实自己，实现至美状态。这一理念的核心在于促进个体与集体内在的持续完善和循环迭代，并通过富有体验的教育活动和深度组织生态来实现"时光成长充实美"。

（2）学校三大精神。至美教育的学校精神，深植于麦穗这一富有象征意义的文化符号之中，体现了成长、发展和共生的深层价值。麦穗不仅是丰收的预兆，也是学校三大精神的生动体现。

锋利沟通的求真精神：麦芒锋利而坚韧，象征着锋利沟通的求真精神。就如麦芒穿透风尘达到光明，至美教育鼓励师生以开放的心态进行直接而深入的交流和探讨，持续深度追求真理、规律和智慧。

实力成穗的抱团精神：麦穗的密集生长形成了波动的麦浪，是实力成穗的抱团精神的象征。麦浪中每一颗麦粒都紧密相连，支持彼此，至美教育强调集体的力量和个体在集体中的成长，倡导在共生共学的环境中，通过团队合作与相互支持，共同构建一个充满活力、互助向上的学习社群。

追求光芒的卓越精神：成熟的麦穗在阳光下呈现出金黄色的光芒，正是追求光芒的卓越精神的最佳写照。至美教育激励学生追求内心的光芒与生命的创新和卓越，不断超越自我，向着更高的目标努力，为社会贡献力量。

（3）育人理念：颗颗饱满，迈向光芒。

（4）培养目标：有"谦逊品性、饱满才华、实力远播"的现代少年。

（5）校训：立德立行，至真至美。凸显光华实小对德行光辉的珍视，对真善美的不懈追求。

（6）校风：麦麦相生，穗穗相连。营造互动共生的环境，以成全式理念促进人的发展。

（7）教风：掌声鼓励，掌生谷粒。主张以激发唤醒式教育形成充满人性关怀的风气，以良好的化育和真诚实现赏识与被赏识。

（8）学风：饱满才华，向美出发。主张自主发展、主动发展，通过不断努力成为一个个"美"的符号。

（9）相关文化符号：至美教育的文化符号通过麦穗的多重象征——饱满、谦逊、实粒、远播、麦香、麦浪、麦芒、仓实，深刻阐述其教育理念的丰富内涵，每一个象征都体现了至美教育所追求的核心价值和教育目标。

饱满——饱满的麦穗代表知识与智慧的积累。至美教育注重学生的全面发展，鼓励他们在知识的海洋中精耕细作，追求知识的丰富和能力的提升。

谦逊——麦穗越饱满越低头的特性，象征着个体在获得成就和认可时，应保持谦逊。至美教育倡导学生在成长过程中，始终保持谦逊学习的心态，认识到每个人的成功都离不开他人和社会的支持。

实粒——实粒象征着实际成效和价值体现。至美教育强调理论与实践的结合，倡导通过实践活动让学生将所学知识转化为实际能力，培养其解决问题的能力。

远播——远播代表知识与文化的传播和分享。至美教育鼓励学生将自己的学习成果和文化理念传播给更广的社会，实现知识的远播，促进社会的进步和发展。

麦香——麦香象征着文化的内涵和精神馨香。至美教育通过培养学生的人文素养和道德情操，使他们成为传递正能量、具有良好人文精神的人。

麦浪——麦浪代表着团队协作与集体智慧的力量。至美教育鼓励学生在团队合作中学习交流，通过集体的力量解决问题，实现共同成长。

麦芒——麦芒的锋锐象征着面对困难和挑战时锐意进取、不屈不挠的精神。至美教育激励学生勇于探索、敢于创新，面对生活和学习中的困难永不退缩。

仓实——仓实反映了教育成果的积累和贮藏。至美教育强调长期的知识积累和人格培养，旨在为学生的未来打下坚实的基础，让他们成为社会的宝贵财富。

（三）维度要素

（1）至美教育的三个层次。

至童心童趣之美：以儿童视角，让儿童的视野充满童心、童真、童趣之美；以儿童心理，设计一系列让儿童身心健康、快乐成长的方案。

至全面和谐之美：通过课程使师生发展的本质需求不断得到满足，呈现全面发展的和谐之美。

至人格光辉之美：通过组织成员不断完善的教育信条、制度等，使教育更具"人情味"，使受教育者更具人格光辉。

（2）至美教育的三大支柱：爱、价值感、终身成长的心态。

（四）主要特征

（1）传承性。温江是古蜀农耕文明的发源地之一，以其独特的历史位置和文化内涵，为光华实小提供了丰富的教育资源，这种文化中蕴含的积极开拓、勇于进取和不断创新的精神，与至美教育追求的学生个性化成长、创新能力培养不谋而合。光华实小在至美思想的基础上引入具象的麦穗符号，正是基于对这一区域文化特色的深度挖掘和传承，也是对该区域文化精神的现代诠释和创新，学校将区域文化的传承与教育创新相结合，引导学生在学习传统文化的同时，激发学生对知识探索和创新实践的热情。

（2）实践性。至美教育思想能够指导实践并用于实践，具有实践性。

其课程设计以儿童的生活为基点，选择贴近儿童生活的学习内容；在课程实施中创设生活化场景，拓展生活资源，让学生到现实生活中去学习、感知和体验，引导学生在实践中对知识和技能进行应用，重在培养学生的交往能力、动手能力和思辨能力等，并在此基础之上激发学生的想象力、创造力。

（3）统整性。打破传统的教育边界，构建一个涵盖师生、学校与社会各界的广泛的学习网络，至美教育聚焦儿童学习与发展的整体性规律，把每一个儿童作为需要全面发展的"人"来培养。光华实小基于五育融合的思路建构和丰富五大领域课程，以学科统整创新推进跨学科课程开发实施为抓手，丰富学生统整学习经历，提高学生综合解决问题的能力和素养，为他们将来能更好地适应社会的发展奠定基础。

（4）创造性。儿童是天生的探究者，他们往往对未知世界充满好奇，喜欢动手操作，到真实世界中去感知、体验。教育者应整合资源、深度研究，通过情境化教学、项目式学习等多样化的学习模式，让学生获得情感、认知与实践等全方位体验的同时，保持谦逊的态度进行知识的学习、创造与分享，促进学生主动探索、发现和发展自己的创新潜能。

## 三、至美教育的理论基础

至美教育的理论基础深植于多个学科理论，其核心内容有四个方面。

1. 儿童中心论的实践应用

至美教育以儿童中心论为核心，将儿童的需求、兴趣和发展放在教育的中心位置。教育活动的设计和实施从儿童的视角出发，尊重其自主性，激发儿童的学习兴趣，为其提供充分的发展空间；教育内容和方法的选择围绕儿童的实际需求和发展水平进行调整，确保教育活动能够有效促进儿童的全面成长。

2. 发展心理学的深度融合

依据发展心理学的原则，至美教育注重掌握儿童在不同成长阶段的特点，包括认知、情感、社交和身体发展等方面。这要求教育者不仅要了解儿童在不同阶段的发展规律，还需要关注每个儿童的个体差异，从而提供更为精准、个性化的教育支持。

### 3. 建构主义理论的视角引领

至美教育采用建构主义理论，强调个体的认知和理解是在社会互动与文化背景中共同建构的。因此，教育过程中强调合作学习、小组讨论等互动形式，鼓励儿童在社群中学习和成长，通过与他人的交流和合作，促进社会性发展和认知能力的提升。

### 4. 人本主义理论的有效整合

借鉴人本主义理论，至美教育关注每个儿童的独特性和发展的整体性，致力于创造一个积极且具有支持性的学习环境。在这样的环境中，儿童被鼓励探索自我、表达个性，同时也能得到充分的理解和尊重。

## 四、至美教育的实践路径

### （一）"守望麦芒"领航

坚守"为党育人、为国育才"初心，坚持党建引领，构建教师"四篇"、学生"四红"的课程，深化"守望麦芒党旗红"党建品牌，推动党团队育人链条相衔接、相贯通，实现党团队一体化育人，赋能学校全面高品质发展。

### （二）"微光"德育铸魂

在"蹲下身、善倾听、柔唤醒"的德育理念引领下，从学校精神中的"求真、团结、卓越"三个纬度着手，打造"实粒"少年"九大品格"和"六大能力"的15张名片，培养思想正的红孩子、习惯优的好孩子、实力强的能孩子。

### （三）"美立方"课程育人

明晰描绘"与世界更近，向未来出发，让人生向宽而行"的课程愿景，构建与实施"三阶—五美"模型的"美立方"课程体系，通过"顶层设定目标—系统建构体系—序列实践策略—多维保障效果"路径，真正让核心素养的培养落地。

### （四）"思享"课堂提质

"问题—思考—分享"是思维的基本单元，明确了"思"的价值追求和"享"的现实需要。坚持思享课堂"2434"方向，明确素养立意、学本立场两大核心价值观，切实推进课堂"发展思考力、提升合作力、增强表达力"，采用四步课堂模型，培养"四小至美娃"，创新思维分享模式，实现师生的"思享碰撞，共生共长"。

（五）"1134"策略培师

通过"清理一块地基＋撑起一个顶层＋搭建三大支柱（树好团队标杆、建好制度栏杆、用好评价杠杆）＋构筑四面专墙（夯实'5课'常量墙、搭好'X'变量墙、砌好阅读反思墙、筑好教育科研墙）"促进教师专业成长。

（六）"5621"评价保障

通过健全"5621"评价模式，开发编撰六色阶梯"微光手册"评价平台，促进学生全面发展；通过呈现立体的成长轨迹、明确清晰的行动方向、动态多元的评价方式，让评价过程可视；通过班级、年级、校级的三级仓方式，让评价结果进阶，形成三阶循环的动力系统，最终实现学生的自主管理。

光华实小在至美教育思想引领下，"生命教育·至美主张·麦芒文化"的顶层理念体系不断落地实施，学校文化建设、课程特色、作业管理、学历案推进等工作特色彰显，相继被《中国教育学刊》《中国教育报》《中小学教育》《四川教育》进行专题报道，并先后承办全国学历案课堂研讨活动、成都市教师读书现场活动、成都市"未来教育家"主题研讨活动等大型现场活动，在第二、三届中国基础教育论坛暨中国教育学会第三十四、三十五次年会微论坛做主题发言，在四川省基础教育优秀教学成果推广活动上做成果推广报告……

近年来，光华实小学生的五育素养测评在区域稳居前列，连年荣获绿色质量一等奖，综合督导评估连年获得一等奖，先后获得"全国创新德育基地学校""四川省文明校园""成都市新优质学校""成都市党建标准化建设示范校""成都市教师发展基地学校""成都市阳光体育示范学校"等30余项荣誉，已然成为老百姓家门口的好学校。至美教育思想正引领光华实小的"至美教师深耕工程，实粒少年闪耀工程，麦田学校丰实工程"齐头并进，全面赋能学校高品质发展。

# 第二节 "美立方"课程的愿景描绘

课程好比透镜，具有独特的工具价值，更投射出立德树人的价值光芒。透镜将世界和未来聚焦，又放大视野，从课程出发，走向时代的地平线。

## 一、关于课程

课程，是指学校学生所应学习的学科总和及其进程和安排。广义上是指为了实现学校培养目标而规定的所有学科的总和，狭义上是指某一门学科。

宋代朱熹在《朱子全书·论学》中多次提及课程，如"宽著期限，紧著课程""小立课程，大作工夫"等，这里的"课程"即功课及其进程。在西方教育界，课程一词最常见的定义是"学习的进程"，简称"学程"，后又指为不同学生设计的不同轨道，着眼点放在个体认识的独特性和经验的自我建构上。

## 二、关于愿景

愿景，即所向往的前景，是愿望、梦想中的情景，是人对未来景象的预设。愿景是人们愿永远为之奋斗、希望达到的图景，是一种意愿的表达。愿景概括了未来目标、使命及核心价值，是哲学中最核心的内容，是最终希望实现的图景。愿景不是凭空形成的，它往往是由我们的取景框和视野所决定的。愿景应建立在对当前课程领域某个方面的了解与洞察，是人们探究当前实践中的缺陷、误区、不足和危险，并试图找出改善的办法。

## 三、关于课程愿景和"美立方"课程愿景

教育是寄托着人类社会未来之梦的美好事业，而课程又是最直接体现教育理想与旨趣的"蓝图"，目前在课程研究中引入愿景式的思考方式相当重要和紧迫。美好的课程愿景包括人文愿景、文化愿景、社会愿景、国家愿景

和生态愿景五个方面，能充分彰显课程与人、课程与文化、课程与社会、课程与国家、课程与课程等诸矛盾之间良性互动的关系，是真正建立在对于人性的深刻洞察、文化的全面领悟、社会的和谐发展、国家的文明进步以及课程本身的动态平衡等基础之上的课程。换言之，美好的课程愿景不仅从广度更是从深度上丰富了课程、创生了课程、解放了课程。

我们认为课程是育人的载体，是经过设计的教育，有了明晰愿景的课程才能承载学校文化，聚焦育人目标，引领个性发展，唤醒教育活动中的每一个生命！光华实小从学生本位出发，基于学校文化构建与实施"美立方"课程，在"生命教育·至美主张·麦芒文化"的顶层理念引领下明晰描绘出课程愿景：与世界更近，向未来出发，让人生向宽而行。

与世界更近：我们在学习生活中教育孩子们要有广阔的视野，从小立下热爱祖国、报效祖国的志向，努力去了解生活的本真、接纳世界的多元；要有更深的同理心，设身处地去理解他人的经历、情感和立场，到现实生活中去感知、体验和操作，更好地同他人沟通、交流与合作，建立更加和谐的人际关系；要有积极的行动意识，创设生活化场景并通过实际行动去改变自己和周围的世界，让自己与世界更紧密地联系在一起。

向未来出发：现代儿童要面对的是一个易变、不确定、复杂且模糊的时代，他们必须理解并拥抱变革，不断思维迭代，用强大的学习力去适应不确定的未来。定义未来的最好方式是创造未来，因此我们的课程在设计时必须具有前瞻性，以利于培养未来社会的创造者。在学习生活中教育孩子们要有积极的生活态度，不断提升自我，成长自我，持续追求更高更远的目标；要有责任和担当意识，将自己的命运同国家、民族，乃至全人类的命运紧密相连；要有创新和探索意识，在未知的、发展的世界里努力学习，储备知识、练好本领，以适应不断变化的环境，迎接未来的挑战和机遇。

让人生向宽而行：我们在学习生活中要培养孩子们的包容心，让他们保持开放的心态，理解和尊重他人的差异；引导他们不断探索新领域，追求更丰富的学习体验、人生体验，拓展自己的能力，开阔自己的视野；鼓励他们勇于尝试和冒险，在不确定性中认识自己、接纳自己、成长自己，最终实现更加丰富和多彩的人生。

在瞬息万变的当下，通过学校课程引领学生立足传统、贴近生活、面向未来，形成"家—校—社"共同参与的"宽课程"体系，使学生在多元化的学习实践中突破认知、时空、身份边界，重构学习形态，更好地追寻兴趣、发掘潜能、规划人生，从而培养拥有大格局、大情怀、大智慧、大担当的学生。

# 第二章 散点到整体：课程体系的建构

## 第一节 系统建构"美立方"课程体系

　　课程体系的构建和实施是教育部近年来重点关注的问题。根据 2022 年版的《义务教育课程方案和课程标准》，学校课程体系在多个方面进行了优化和调整，以更好地落实立德树人的根本任务，并推动学生核心素养的全面发展。

　　学校课程体系强调了学科间的关联性和跨学科学习的重要性。这意味着课程内容不仅要涵盖各个学科的基础知识，还要注重不同学科之间的联系，以及如何将这些知识应用到实际生活中。新修订的课程标准增加了综合实践活动，这些活动包括信息技术教育、研究型学习、社区服务与社会实践、劳动与技术教育等，旨在培养学生的实践能力和创新思维。这些综合实践活动的设置，是对传统课堂教学模式的一种补充和拓展，有助于学生的全面发展。此外，教育部还特别强调了地方课程和校本课程的建设与管理。这表明，除国家统一的课程标准外，地方政府和学校也可以根据自身的特点和需求，开发适合本地区、本校的课程，以更好地满足学生的个性化学习需求。

　　学校课程体系的构建不仅包括学科知识的教授，还涉及学科间的整合、跨学科的学习以及综合实践活动的引入，是对课程的系统化布局、一体化设计，只有在理论指引和学校探索中慢慢"长"出来的课程才最接本校地气，最适合本校学生。光华实小从建校之初的点状亮点课程建设到初步建构德育、体育、美育校本课程，再到重视反思课程价值取向，均是基于学校文化整体建构体系开展，且"五育融合"思路与新课程方案也进一步明晰了学校课程体系的建设方向。

光华实小从"为谁培养人、培养什么人、怎样培养人"的高度，有效整合国家、地方、校本课程，以"麦香""麦粒""麦浪""麦艺""麦创"为主题，对应五育构建起"美立方"课程体系（见图2-1），按照"三阶—五美"的模型建构，呈现生机勃勃的课程新样态。

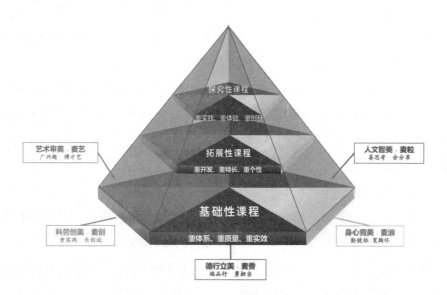

图2-1 光华实小"美立方"课程体系图

# 第二节 "三阶"循环

在课程开发与实施过程中，我们以学校文化为统领，认真梳理了课程的横向和纵向的关系。横向上，处理好同一年级学科课程之间的关系；纵向上，处理好各年级、各门类课程之间的进阶关系，构成了交互作用、螺旋上升的课程体系，超越了以知识为中心的累加、堆砌的设计模式。

第一阶：基础性课程筑基——求真精神抓牢国家课程高质量实施。

基础性课程即国家课程，是重体系、重质量、重实效的。我们认为，要把国家制定的育人"蓝图"化为学校育人"施工图"，打通"最后一公里"，需要学校对国家课程进行校本化实施，需要对静态的国家课程方案进行创造性的加工和改造。

国家规定的各学习领域体现了共同基础要求的学科课程，强调学生基本素质的形成和发展。我们严格按照教育部颁布的《义务教育课程方案和课程标准（2022 版）》，坚持开齐、开足、开好国家课程，在教育过程中突出德育实效、提升智育水平、强化体育锻炼、增强美育熏陶、加强劳动教育。基础性课程体系是全面贯彻落实党的教育方针、落实立德树人根本任务的重要保障，为学生德智体美劳全面发展提供了充分的学习机会、体验机会、成长机会。基础性课程强调各育在培养人的完整性方面具有同等重要的地位，课程内容设置充分考虑了儿童身心发展水平与课程内容复杂程度之间的关系，以及不同学段儿童学习特征与课程类型之间的关系，体现了课程的延续性、连贯性。

我们适当调整部分模块的内容顺序，加强了课程与科学、社会和生产实践的联系，更好地体现了人文精神。同时，把结构性学科基础知识和基本原理的学习与掌握作为教学重点，着重构建学生基本的学科知识结构，培养学生的学科思维能力，以及在此基础上的综合运用能力，最终形成核心素养。

在课程实施过程中，首先在"思享"课堂中对"求真、抱团、卓越"三大精神赋予更深理解：发展思考力，从"浅层"到"深层"，抓学科本质求真；提升合作力，从"个体"到"群体"，使人人参与抱团；增强表达力，从"精准"到"精彩"，彰显个性，鲜明卓越，最终达成师生理念认同。其次，学校抓住教研这个核心，优化教研方式，行政推进与专业赋能双线并进，常规教研抓重点，切片教研析亮点，精准分析、分类施策，促进五育并举，优质均衡，从文化构建视角，推进校本研修，促进课堂变革，让国家课程实施向常态优质靠近。

第二阶：拓展性课程扬长——抱团精神推进两级学科拓展课程落地。

我们认为，拓展课程是重开发、重特长、重个性的，即核心课程上的拓展与延伸学习，可以从拓宽、加深、提速三个维度对国家课程进行补充，并根据学科特点，进行分层、分类、特需、综合的课程资源设置，实现学科内拓展。

教师充分利用学校、家庭、社会等各方面的资源，课程设计注重开发学生潜能，通过各种富有挑战性的任务和活动，引导学生主动探索、发现和解决问题，激发他们的创造力和创新精神；强调培养学生的特长，注重个性发展，抓住学生的兴趣和特长，设计个性化的课程活动，学生可根据自己的兴趣爱好和需求选择适合自己的课程内容，充分发挥自己的优势和特长。这是由若干专题构成的对基础类课程的拓展，是一种体现不同基础要求、具有一定开放性的课程，旨在培育学生主体意识、完善学生认知结构、提高学生自我规划和自主选择能力，调动学生学习的主动性、积极性，彰显学生个性和特长，提升学生的综合素质。拓展课程的开发与实施由教师自主组团申报进行，打破统一、同质和保守的枷锁，合作研发符合学校文化、课程愿景的课程，在周一和周五的延时课务实开展课程，激发学生兴趣，培养学生特长。拓展课程实行校级社团优先双选，年级社团选课统筹。教师组队亲历课程开发实施，从被管理者转变为课程的开发者、设计者，激发了教师的主观能动性和协作力，建立起更好的课程治理运行机制。

第三阶：探究性课程融通——卓越精神激发多样态跨学科课程创新。

我们认为，探究性课程是重实践、重体验、重创新的，即学校探究性活动及跨学科统整学习等。这是以真实问题为驱动的学习，是延续性、探究性的合作学习，是用高阶思维带动低阶思维的学习，是根据学生的兴趣爱好及发展特长，运用研究性学习方式，引导学生进行探究性学习的一种课程形态。课程设计注重学生的亲身体验，强调在实践活动中深入理解、掌握和运用所学知识，发现问题、探究问题、解决问题，鼓励学生进行创新性思考，培养学生的创新思维、批判性思维和实践能力，锻炼学生的团队合作能力、协调沟通能力，培育核心竞争力，为未来发展打下坚实基础。

"乌卡时代"模糊未知、人工智能正在"开疆拓土"，未来已来，而定义未来的最好方式是创造未来。面对新的变化和解决复杂问题的需求，社会对个体的学习和创新能力提出了更高的要求，跨学科主题学习拥有更多具有情境性、综合性、体验性、实践性的学习方式，能为学生适应未来社会的发展奠定基础。光华实小按照"整体设计，三级统筹（CEO、核心组、成员组）推进规划路线，落实全员推进——三课统筹（通识课、学科大小课、汇报课）分级推进"的要求，由课程中心具体制订总体计划并按节点推进，年级行政督导、专业全程护航，学生课内外、校内外小组探究实践，三轮汇报修正及展示展演，期末成果总结、分享推广，整校推进跨学科主题课程，培养学生面向未来的核心素养。

学生通过各种类型课程的学习拓展基本知识、提高基本技能，加深了对自然、社会、自我的认识和体验，具备了选择学习、自我规划和自主学习的能力，掌握了收集、处理和运用信息的方法，不仅能够运用知识解决实际问题，而且提高了表达、交流和合作的能力。

# 第三节 "五美"融合

基于五育并举的理念和要求，光华实小构建了端品行、勇担当的德行立美麦香课程，善思考、会分享的人文智美麦粒课程，勤健体、宽胸怀的身心竞美麦浪课程，广兴趣、博才艺的艺术审美麦艺课程，重实践、乐创造的科劳创美麦创课程，实现了"五美"融合。

1.德行立美麦香课程——至美教育的德行与担当

德行立美课程作为"美立方"课程之首，以道德与法治等国家、地方课程为基础，结合学校德育工作，整合资源开展教师、家长、社会三类"微光汇"，同时开发红孩子四大板块课程塑灵魂，好孩子"1+N"课程养习惯，培养思想正的红孩子和习惯优的好孩子。

（1）红孩子四大板块课程：塑灵魂。

红旗飘飘培"红"基。每周在升旗仪式和光芒舞台分别开展"一班一展塑灵魂"的红旗飘飘主题课程。

班级特色润"红"心。通过每月的主题班会课、少先队活动课等特色主题课，实现班队特色课程思政化。

传统节日染"红"色。通过开展主题活动，纪念传统节日，弘扬传统美德、厚植爱国情怀。

四礼课程育"红"人。通过"入学礼"敬师、"入队礼"爱国、"成长礼"立志、"毕业礼"感恩，以及党团队一体化活动，传承红色精神，培养根正苗红的红孩子。

（2）好孩子自主管理课程：养习惯。

"1+N"自主管理。通过开展"时间管理"主题班会课、成立时间达人宣讲团，促进学生自我管理、自我约束、自我反思，养成良好习惯。

总之，光华实小从"求真、团结、卓越"三个纬度打造"实粒"少年"九大品格"和"六大能力"的15张名片（见表2-1），不断丰富学校德育课程图谱，培养有谦逊品性、才华饱满，以实力声名远播的现代少年。

表2-1　光华实小"实粒"少年的15张名片表

| "实粒"少年的15张名片 | | |
| --- | --- | --- |
| 三大维度 | 核心品格(9个) | 关键能力（6个） |
| 锋利沟通的求真精神<br>（学习意志品质） | 诚实、专注、明辨 | 批判性思维能力<br>解决问题能力 |
| 实粒成穗的抱团精神<br>（自我与他人、社会） | 真诚、友善、感恩 | 沟通协作能力<br>自我管理能力 |
| 迈向光芒的卓越精神<br>（自我认知，自我完善） | 主动、坚持、创意 | 创新创造能力<br>信息处理能力 |

2. 人文智美麦粒课程——至美教育的文化与智慧

梳理明晰各学科核心素养，坚持"思享"课堂策略和文化，强化语文、数学、英语等必修的国家课程校本化实施，开设"益智魔力营"、三大必修课和多项选修课等，让孩子成为善学多思、睿智笃行的"实粒"少年。

语文"穗阅读"——养根俟实。数学"思维馆"——拔节思维。英语"拼读社"——训练表达。

开设"国学诗社""演讲与口才""主持人社团""数学绘本""围棋社团""小小外交官"等多个社团，让孩子在参与中思考、在思考中进步，锻炼学生的阅读、表达和思维能力。

3. 身心竞美麦浪课程——至美教育的生命和力量

聚焦孩子身心，细化心理健康、体育与健康等国家课程，开发"向阳""越冬"心育校本课程，采用"走课＋大课"方式，保障学生身心健康。开设"健康训练营"，组建"麦田心声"心理社、能孩子·兵道社、"翔翎"毽球社等十二大社团，分年段拓宽体育、心理知识面和技能范围，培养体魄健壮、人格健全、心理健康、意志坚强、理想远大的"实粒"少年。

4. 艺术审美麦艺课程——至美教育的形象和魅力

把握艺术学科本质，通过必修的音乐、美术等国家课程的校本化实施，结合舞蹈、合唱、民乐、国画、书法、蓝染、陶艺等八大社团组成的"尚美艺术营"课程，每年固定开展元旦迎新展、六一艺术展，组织班级红歌赛、光华好声音、光华小乐手等全员参与的活动，培养"实粒"少年广泛的兴趣和广博的才艺。

5. 科劳创美麦创课程——至美教育的躬身和创造

通过必修的科学、信息科技、劳动等国家课程的校本化实施，组织开展观察、实验、合作、交流等教育教学活动。构建麦创劳动课程，设立"麦乐生活""创意劳作""快乐服务"三张清单，建设"一粒粟"种植园、麦田艺术区、果园大道区、多彩川农场等五大劳动场所，以劳赋能、以劳树德、以劳启智、以劳育美。

开设"未来科创营"，组建创意编程、人工智能、3D 打印、创美科学、气象观察等社团，培养学生的创新意识。光华实小"美立方"课程科目设置（见表 2-2）。

表2-2　光华实小"美立方"课程科目设置表

| 五大领域 | | 德行立美 | 身心竞美 | 人文智美 | 艺术审美 | 科劳创美 |
|---|---|---|---|---|---|---|
| 基础课程 | | 道德与法治、习近平新时代中国特色社会主义思想学生读本 | 体育与健康、生命·生态·安全 | 语文、数学、英语 | 音乐、美术 | 科学、劳动、信息科技、综合实践 |
| 拓展课程 | 必修 | 红孩子课程、好孩子课程（四礼课程） | 篮球校本课程、键球校本课程、"越冬"心理课程 | 语文"穗阅读"、数学思维拓展、英语拼读及绘本、国际理解教育 | 音乐器乐（邦戈鼓、口风琴、竖笛）、美术蓝染、线描课程 | 科学蚕桑养殖、"一粒粟"种植园、信息技术编程 |
| | 选修（59个年级社团、28个校级社团） | 学生微光汇：时间达人讲师、学长分享、为你喝彩 | 健康训练营：篮球、足球、羽毛球、网球、啦啦操、围棋、田径、乒乓球、跆拳道、心理健康等 | 益智魔力营：演讲与口才、声美主持人社团、数学绘本及游戏、英语绘本与戏剧、小小外交官等 | 尚美艺术营：合唱、舞蹈、古筝、口风琴、国画、线描、书法、剪纸、蓝染、陶艺等 | 未来科技营：创意编程、人工智能、3D打印、创美科学、魔法烘焙坊、走进72行等 |

续表

| 五大领域 | | 德行立美 | 身心竞美 | 人文智美 | 艺术审美 | 科劳创美 |
|---|---|---|---|---|---|---|
| 探究课程 | 探究性活动 | 主题活动课程 | 体育节、模拟法庭、心理活动周、社会实践等 | 读书节、英语节、研学课程、数学节、数学跳蚤市场等 | 艺术节、教室空间设计、电影周、美育讲堂等 | 科技节、创新思维、科技小论文及小发明等 |
| | 跨学科统整课程 | 一年级：爱园说、我的校园我做主 　　二年级："钱"途似锦、一棵树的价值<br>三年级："一粒粟"种植、国宝大熊猫 　　四年级：水的世界、丝蚕袅袅<br>五年级：一"麦"相承、立体小农场 　　六年级：奇妙的圆、职业探索 | | | | |
| 校园环境文化 | | 少先队活动室、光芒舞台 | 篮球公园、足球天地、网球乐园、竞美体育馆 | 侯实图书馆、国学园、国际化连廊、英语角 | 陶艺布苑展示区、蓝染陶艺工作坊、闪耀小舞台、时光剧场、麦田艺术馆 | 创美科技馆、"一粒粟"种植园、阳光屋顶农场、果园大道 |

光华实小基于五育并举理念，从五个维度建构并逐步实施五大领域课程，取得了较大突破，特色课程点亮五育并举、"1134"构建专业团队等典型做法被《中国教育报》进行专题报道。

## 让五育并举落实落细

2015 年，一所新学校在成都市温江区生态新城核心区域拔地而起，仅用了六年时间，如今学校已然成为"北京师范大学区域教育研究发展中心课改实验学校""全国品格教育基地学校""四川省文明校园""成都市教育局未来名师基地学校""成都市教育科研先进单位""成都市国际理解示范学校"。这所学校便是温江区光华实验小学校（以下简称"光华实小"），这是一所为了满足温江新城区广大群众对优质品牌教育的需求，同时也是为加快温江教育现代化、国际化发展而新建的一所公办学校。

实粒少年闪耀工程——特色课程点亮五育并举。

六年来，光华实小一直在滋养至美文化的沃土。结合学校校名"光华"二字和温江是古蜀农业文明发祥地的背景，光华实小提炼出学校顶层文化更完善的主题表述：生命教育·至美主张·麦芒符号。学校期待每一个光华实小人都能"越充实越低头"，践行迈向光芒的卓越精神、实力成穗的抱团精神、锋利沟通的求真精神，共同实现至美状态。

如何让光华实小真正实现"颗颗饱满，迈向光芒"的育人目标？答案是不再把"德智体美劳"五育并举当口号。阅读是终身学习的基础，是基础教育的灵魂。光华实小一直深耕阅读课程，力图在广度和深度上继续精进。光华实小的阅读课是依托"麦穗"意象下的"1+1+N""穗"阅读课程体系。"1"：基于部编版——知方法——生根阅读；"1"：共读整本书——求深度——拔节阅读；"N"：自主海量读——求广度——结实阅读。这样的课程之下，学校打通了课内和课外、学校和家庭、教师与学生、读书与提升语文学科素养四对关系的壁垒，实现了阅读的全渗透。

美育，能够促使学生身心平衡发展并形成终身审美的习惯。对光华实小而言，如何创设一种协同手、脑、眼、心灵四位一体的综合性艺术学习，是学校一直在求索的更深层次的美育。学校美术组以"布"这一既新颖又生活化的材料为载体，创设"麦田蓝韵"布艺系列特色课程。这样的课上，学生能在老师的带领下探寻不同布料的不同肌理，也能用布艺拼贴各种造型，还能学习体验扎染、蜡染、灰染等传统技法，运用创作出的布艺作品装饰校园空间……学校音乐组低段将邦哥鼓、空灵鼓节奏训练及演奏与课堂基础乐理学习融合，中高段将口风琴、木笛等常态拓展课程学习融入课堂、走进家庭，学校每学期固定邀请专业乐团、剧团到校进行师生音乐会、话剧、儿童剧等专场演出……师生共同欣赏美，创造美，传播美，用艺术装点生活，以文化丰富心灵！

对于劳动教育必修课，很多学校面临校内劳动场地不足、校外劳动成本过高等难题，如何建立书本知识和劳动实践之间的链接，实现五育融合，知行合一？光华实小开辟出至美屋顶农场，打造出屋顶种植基地。学校研发的教材上，1-6年级科学教材中与种植活动有关的内容对应植物的特点，被按照种类、学习时间、生长周期、生长习性等梳理得井井有条，在这样的课程中，孩子们拥有了动手耕种的伊甸园，体会着劳动的光荣和美丽，让科学教材中的植物在眼前真实生长。

除了阅读课、"麦田蓝韵"布艺课、屋顶种植劳动课，还有我们的品格课程、

"四礼四节"体验式德育、篮球足球常规赛和季后赛……光华实小的课程已然无法仅用多元来描述，而是多元且精彩、创新且有仪式感。

至美教师深耕工程——"1134"构建专业团队。

六年的发展，并非一帆风顺。2017年，光华实小迎来又一个发展瓶颈：学校班级数迅速扩张，新上岗教师一年多达53人，而这，相当于一个甚至多个学校的教师总数。但学校基于原有校本研修探索，立项并深度精准实施市级课题"新建校初任教师专业化校本培养策略研究"的研究，摸索总结出"1134"应对策略："清理一块地基＋撑起一个顶层＋搭建三大支柱＋构筑四面专墙"。

清理一块地基，是通过对新教师的调查，梳理出制约他们发展的共性问题，便于学校自我认识。

撑起一个顶层，是指通过研修理念和团队建设，让教师队伍建设与学校至美办学理念一脉相承。

搭建三大支柱侧重引导团队搭建学习共同体：树好团队标杆，通过师徒结对等方式引领新教师专业发展；建好制度栏杆，通过"导、跟、晒、访"四字诀让教研团队践行学校制度；用好评价杠杆，通过评价激励引领教研组从"要我教研"变成"我要教研"。

构筑四面专墙——"5课"常量墙、"X"变量墙、阅读反思墙和教育科研墙的意义，在于培养专家型教师团队。坚实的墙体背后，在以学为中心理念引领的"思享"课堂历练中，老师们会遇到推门课、见面课、达标课、展评课和诊断课，参与三级基本功竞赛，线上、线下阅读并在校园网参选阅读人气王，参与小课题研究……

一边是多个特色课程之下多彩发展的实粒少年，一边是"1134"下成长型专业至美教师，光华实小六年来深耕的两大工程，也终将成就麦田学校丰实工程的辉煌。教育笃信一个"真"，学校坚守一个"静"，课程追求一个"宽"，课堂着力一个"思"。光华实小这片麦田，一直在努力让每个师生都颗粒饱满，迈向光芒！

（此文2021年5月19日发表于《中国教育报》）

# 第四节 落实"大思政"育人

"大思政"育人应在"大"视野下进行系统思考和建构，抓住时时处处的教育契机，使人人都能成为思想政治教育的参与者；要避免"硬植入"和"表面化"；要注意坚持结果评价与过程评价并重，发挥好评价机制的"指挥棒"作用……光华实小持续深化思政教育改革创新，科学把握思政教育的"时"与"势"，通过转变育人思维方式和思考习惯，实现"思"变"政"通，积极践行为党育人、为国育才的初心使命！

光华实小始终坚持正确的政治方向，围绕立德树人根本任务，在高起点、低重心、准落地的正确定位下，建构具有本校特质、理念创新、内容完善的"大思政"育人工作体系，在本真与平实、突破与发展中实现学校育人工作切实落地，让教育真正发生。

## 一、高起点谋全局，凝练"大思政"育人理念

学校以党建为引领，将"大思政"理念贯穿于教育教学的全过程，高点定位、系统谋划、建构体系，深入落实立德树人工作。

（1）党建引领"凝心聚魂"。光华实小在"生命教育·至美主张·麦芒文化"的顶层引领下，聚力打造"守望麦芒党旗红"党建品牌，突出党组织的领导地位和堡垒作用。而建设学校大思政育人格局不是某个方面、某个环节和某个点位的调整，必须要突破各自为政、缺乏协同的育人瓶颈，突出党组织的领导地位和引领作用，站在系统推进和全局观照的立场上，整体设计学校"大思政"工作思路。

学校基于"颗颗饱满，迈向光芒"的育人理念及"人人上思政，时时有思政，处处想思政"的大思政理念，紧密结合学校党建工作，倡导"看见你的光芒""以微光探世界"的思政文化，努力将爱国主义、集体主义和社会主义核心价值观教育融入学生日常，引领他们更好地认识世界、理解生活、涵养精神、修

炼品德。

（2）体系建构"明路聚力"。大思政"大"在全员、全域、全程，是对学校思想政治工作整体、系统、协同的实践概括。我们以"全人员"参与和"全过程"落实，保障"全场域"落地，构建体系完善、目标清晰、内容丰富的育人路径，着力培养思想正的红孩子、习惯优的好孩子、实力强的能孩子。

结合学校麦芒文化，遵循学生发展规律建立学段育人衔接机制，光华实小以低段生根——加强行为习惯、中段拔节——培养良好品格、高段吐穗——形成正确三观，"破"传统教育方式的路径依赖，"立"不同学段间的递进性、整体性、连贯性，建立适应儿童认知特点的"大思政"育人体系（见图2-2）。

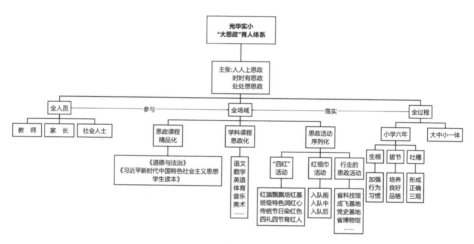

图2-2　光华实小"大思政"育人体系图

## 二、低重心合力攻坚，汇聚"大思政"育人资源

"大思政"育人事关党的事业后继有人这一重大问题，意义重大但又极具挑战性，学校必须结合实际，降低重心，整合校内外师资、环境、场地等资源，稳扎稳打，确保"大思政"教育的有效实施。

（1）补短板，提升队伍专业性。由于师生配比的局限，小学专职思政教师通常是学校的短板。光华实小由学校书记带头，以专职副书记、德育干部、党员教师、班主任为主力，组建政治素质过硬、业务精良的思政教师队伍，以思政教研组为核心研究团队，常态化上好思政课。学校实行"学科＋思政"结合的"双师型"培育机制，积极引导各学科教师有意识挖掘本学科知识中的思政元素，基于本学科特点和自身专长，积极参与"大思政"课程教学，努力成为思政课教师。同时，加强全体教师师德培训和思想政治教育，以贯通全年的"麦田双星"评选活动，践行"迈向光芒的卓越精神"，铸造一支思想境界高、育人意识强、专业素质硬、教学方法活的优秀教师队伍，持续提升协同共育的意识和能力。

（2）造氛围，彰显场域浸润性。在"时光成长充实美"的办学理念引领下，将"大思政"教育融入校园大环境，不同维度做深做亮"麦芒"文化。"立德立行，至真至美"校训石、"颗颗饱满，迈向光芒"理念墙奠基明路，红孩子启蒙坊，实粒少年国学廊，侯实图书馆传承经典、养根侯实，麦田艺术坊与国际连廊区展示才华、润心立志……基于学校文化和儿童视角建设命名的一砖一瓦、一室一廊，处处皆能凝心铸魂；只有不断探索中小学"大思政"育人场景建设的新思路，才能实现环境育人。

（3）拓资源，丰富课程多样性。学校同四川农业大学、四川交通职业技术学院、四川博物院等共建实践基地；邀请专家学者、非遗传承人、英雄军人等担任思政导师；组织500余名守望讲师、500节家长课程走进课堂。其中，传统文化、理想信念、科技创新等大思政元素课程达300余节，汇聚"大"力量成为积极参与者、资源提供者和重要贡献者，打造家校社一体化培养链条，拓宽思政半径，共绘育人同心圆。

### 三、准落地浸润童心，建构"大思政"育人课程

从"论道"到"践行"，学校精准对接国家课程内环、有效拓展学科课程中环、序列实践思政活动外环，梳理形成了"三环三化"大思政课程体系（见图2-3），通过内环、中环和外环的相互补充、支持和协调，探索创新"跟现实结合起来"的"大思政课"一体化实施策略和路径。

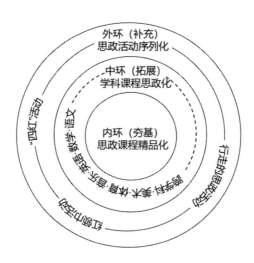

**图 2-3　光华实小"三环三化"大思政课程体系图**

（一）思政课程精品化，内环夯实基础

《道德与法治》和《习近平新时代中国特色社会主义思想学生读本》即课程内环，属基础的国家课程，是思想政治育人实施体系中的主渠道、主战场。学校成立了道德与法治教研组，每个年级至少配备1名组员，确保双层教研机制实施：学科教研组、年级备课组双层教研，6个年级6个备课小组，创造了"揣着问题'嚼'教材——带着目标'锤'任务——换位思考'演'学生"的教研教学模式，使思政常态课水平得到整体提升。学校依托张周名师工作室、"四川省大中小学思政课一体化共同体"两大平台，打造的思政精课在省、市、区各级展示课评比中均获得一等奖，不断提升育人实效性和影响力。

（二）学科课程思政化，中环挖掘潜能

语文、数学等学科课程思政化即课程中环，与思政课遥相呼应，同向同行。学校各学科教研组以社会主义先进文化、革命文化、中华优秀传统文化为引领，基于课程标准、学科知识及学生特点的整体把握，挖掘教材中处于缄默状态的思政资源，对特定教学内容进行拓展演绎，用生动的案例、丰富的资料和学生喜闻乐见的方式，寓思想教育和价值引导于知识传授之中，帮助学生学深学透，学出真滋味。比如，新版语文教材几乎每册都设有一个爱国主义或优秀传统文化的单元，各语文教研组便指导孩子们对该单元的课文深学细悟、诵读品读，然后进行诵读比赛，优秀作品会在学校麦香朗读亭得到专业录制，参加学校"大雅和颂、小雅和鸣"师生爱国主义作品诵读大赛。

学校还通过梳理、整合和重构各学科知识开展跨学科主题学习，凸显思想政治育人价值，让学生自觉形成系统观念。如体育组以"我想成为一名消防员"为核心创设的跨学科课程"蓝焰少年"，在体育课上设置穿越火线、攀登云梯、绳索速降等挑战情境，结合体育技能目标开展奔跑、匍匐、攀爬、跨越障碍物等动作学习，进行逃生与救援技能训练。在体育课进行消防知识宣讲、消防器材实操教学，观看消防员训练视频及英雄事迹，在科学课实验演示并学习灭火原理，在美术课绘制消防主题宣传海报，在语文课引导学生用日记记录活动感悟，体会学习消防员坚韧不拔、永不放弃、团结合作、甘于奉献的精神，鼓励学生在学习和生活中不怕困难、敢于挑战，树立正确的世界观、人生观和价值观。

（三）思政活动序列化，外环延展特色

学生"四红"活动、少先队建设、社会实践等的序列实施即课程外环，是大思政教育最具活力、特色之所在，理论教育同实践活动结合，有序推进，以学生喜闻乐见的方式实现思政浸润、入脑入心。

1. 依托党建品牌开展学生"四红"活动

发挥学校"成都市党建示范学校"的优势，结合党建、德育常态工作，密切党建和思政工作联系，建立党支部和学校思政课骨干教师联席工作例会制，开展学生"四红"活动，丰富"守望麦芒党旗红"党建品牌内涵。

2. 基于少先队建设开展红领巾仪式活动

以少先队入队活动为纵轴，通过开展丰富多彩的红领巾仪式活动，加强对少年儿童的政治启蒙和价值观塑造，培养社会主义建设者和接班人。长达一年的系列课程，围绕入队教育（学长结对、党员讲座、闯关考核、观影教育等）、主题仪式（结对仪式、申请仪式、入队仪式）、生活实践（入队"六知六会一做"）三大主题，紧密结合思想政治教育、习惯养成教育和生活实践教育，真正实现精神上、行动上的入队。

（1）入队前：党支部书记带领党员录制《少先队员，你好》《共青团员，我们的榜样》《共产党员，我们的先锋》等课程视频；党员、团员通过宣讲红色故事、"大手牵小手"等全程参与入队教育活动，发挥榜样示范引领作用；

通过"入队大闯关"考核，落实全员分批入队。

（2）入队中：开展红领巾仪式活动——"认识红色旗帜"培养认同感；"国旗，你好——升旗礼仪教育"增强爱国情怀；"红孩子，真棒——国旗下展示"提升凝聚力；"我是少先队员——佩戴红领巾"激发自豪感。

（3）入队后：开设红领巾流动站，自助领取，按时归还，主动清洗，培养爱红领巾、戴红领巾、护红领巾的责任担当意识；开展红领巾爱心活动，"我爱社区"慰问空巢生病老人，"爱心改变命运"跳蚤市场义卖、捐赠结对学校，"微光点亮微光"走进各行业体验学习……

3. 面向社会开展行走的思政活动

面向社会全面开展社会大课堂教育，把思政教育融入教学各环节、生活各方面，保持思政教育内容与社会发展同频共振，增强其生动性和实践性，充分激发"大思政课"的生命力。我们以学生为中心，以"行走"为突破口，围绕社会主义先进文化、革命文化、中华优秀传统文化三个维度，将思政小课堂同社会大课堂相结合，通过在四川省科技馆、成飞基地、各党史教育基地、四川博物院、四川省交通职业技术学院等实地参观、考察，推动校社合作、校企合作，在沉浸式体验中不断强化学生的爱国之心、强国之志、报国之行。

# 第三章 "思享"课堂抓质效

光华实小在课程实践中立足基础，拓展和探究三阶课程：筑基——梳理明晰基础学科课程核心素养；拔节——建构纵向衔接的学科拓展课程；融通——建构多样态跨学科课程。同时，课程实施注重课堂内外结合，旨在为学生打下坚实的基础，培养他们的创新思维和探究能力。

光华实小着眼于国家课程的高质量实施，积极推进五育融合课程序列化实施。通过开齐、开足、开好国家课程，以新课程、新课标为导向，推动"思享"课堂各学科课堂教学变革，鼓励学生积极思考、勇于表达，形成独立思考和批判性思维的能力，确保学生的德育、智育、体育、美育和劳动教育均得到充分发展。比如，在"学为中心"的课堂中，学历案成为教学的重要载体，详细记录了学生的学习过程和学习成果，为教师的教学提供了有力支持。通过学历案，教师可以更加精准地掌握学生的学习需求，制定个性化的教学计划，实现因材施教。

此外，学校立足地域文化特色，充分考量学生的兴趣方向，构建了包含拓展型必修课与选修课的特色课程体系，在丰富课程多样性的同时，有效满足了学生的个性化发展需求。在跨学科课程实施过程中，学校注重发挥教师的专业优势和创造力，鼓励他们进行教学研究和创新实践。同时，学校也积极引进外部优质资源，与其他学校和教育机构开展合作与交流，共同推动教育教学质量的提升。

基础性课程的开展应基于课程标准，以忠实执行国家课程为基础，以鼓励创新为目标，以适度调适为方式，实现学科知识内容的整合。学科基础性课程一定要尊重学科本质及逻辑，界定与厘清本学科内部各部分内容之间的横向关联。学校根据课程标准的要求，梳理整合了各学科特质，将学科核心素养进行校本化表达，围绕学科核心素养培育，精选重组教学内容，突出"一课一得"，进一步推进了基础课程的高质量落实。

# 第一节　建构"思享"课堂文化，达成理念认同

课堂应当流淌着生命的活水。

课堂不应是知识的"交易所"，而应是学生的精神家园；课堂不应是学生"克隆"文化的场所，而应是学生探究生成文化的场所；课堂上教师不是"独奏者"而是"伴奏者"，学生也不是听众而是演员。

## 一、源起："思享"课堂的前世

课堂是课程实施的主要场域，是师生成长的主阵地。谁抓住了课堂，谁就抓住了教育成败的关键；谁提高了课堂效率，谁就掌握了教育发展的核心竞争力。"三阶—五美"的"美立方"课程必须以素养导向的课堂为载体，才能实现育人功能。

光华实小在建校之初便提出至美教育，致力于培养乐学多思、活泼健美、追求美好的人。这是每一位光华实小人怀揣的教育梦想，也是学校至美教育的价值追求。我们期盼学校教育能回归教育本质，即尊重人、关怀人、塑造人、成就人，同时也希望对美好的追寻能成为孩子毕生的精神向度。西方哲学认为，美就是和谐，与自己和谐，与自然和谐，与社会生活和谐。培养学生求真向美，只有遵循最真实最自然的生命本义，顺其天性、因材施教、因势利导，同时倡导师生独立思考、敢于质疑、善于反思、勇于探索科学真理，才能让每个学生如其本然，成为他自己，才能在学校教育中实现"各美其美、美人美己、美美与共"。

通过开展"2255"校本研修（2个发展计划、2大组织平台、5个活动、5种课型）、"5+X"青年教师专业成长创新培养模式（"5课常"量与"X"变量），以及两届"至美杯"及校本展评，围绕"三疑三探"的实践学习及2016年"5·20"全国课改现场的汇报展示、参加芳草小学及红砖西路小学

课改成果推广会等活动，我们明确了"思"的价值追求和"享"的现实需要，提出了"思享"课堂的原始表述。

（一）"思享"课堂的核心要义

学启于思，思源于疑，学习的本质在于思考。思考不仅能深化既有认知的层次，而且能让我们更加深刻地探究新的知识。

（二）"思享"课堂的教学追求

教师——尊重规律、激发兴趣、着眼思维、以学定教。

学生——深度参与、人人会表达、人人能展示、外显思维、内促品质。

（三）"思享"课堂的操作流程

创境质疑—合作探究—展示交流—巩固提升。

（四）"思享"课堂的核心评价指标

老师教得轻松，学生学得快乐，学习效果显著。

## 二、扎根："思享"课堂的今生

随着学校文化被进一步挖掘升华，尤其在麦芒三大精神的确立与区域课程改革系统化推进的双重驱动下，"思享"课堂在实践中不断优化，课堂文化进一步构建，达成了理念的认同。

（一）"思享"课堂的基本内涵

"问题—思考—分享"是思维的基本单元，"思享"课堂以问题驱动思维，激发学生积极地独立思考，引导同伴思辨共享，促进学生思创畅享。这不仅是一种课堂形态，更是一种教学理念。

（二）"思享"课堂的基本方向

光华实小"思享"课堂坚持"2434"方向，其课堂主张如图3-1所示。

（1）两大核心价值观：素养立意、学本立场。

（2）培养"四小至美娃"：小听众、小侦探、小记者、小老师。培养"四小至美娃"具有实践性，符合学生的年龄特点和发展需求，也符合社会的期待和要求。小听众会倾听，可以让学生在"知识清香"和课堂学习环节中学会关注、积极参与，培养学生的注意力和专注力；小侦探会思考，可以让学生在观察、实验、猜测、推理、验证等"过程亲尝"中切身体验，促进学生深度思考，培养学生的思考力和表达力；小记者会质疑，可以让学生在"思维烹饪"中学会发现问题、提出问题，培养学生的质疑力和探究力；小老师会评价，可以让学生在"理解分享"中学会评价自己和他人，并给出建议，培养学生的组织力和评价力。

图 3-1　光华实小"思享"课堂主张图

（3）三大目标：发展思考力，从"浅层"到"深层"，抓学科本质求真；提升合作力，从"个体"到"群体"，使人人参与抱团；增强表达力，从"精准"到"精彩"，彰显个性。

（4）四步模型："知识清香、过程亲尝、思维烹饪、理解分享"。四步模型是一种可以帮助老师和学生理解并架构课堂的工具，让课堂的结构和逻辑更清晰。它基于一个核心的认识，就是学生通过认知过程来掌握学习结果。学习结果是学生学习的目的，认知过程是学生学习的方式。四步模型不仅有助于老师明确教什么、怎么教、怎么测，而且能促进学生主动地参与学习，提高了教学效果和效率，它创造了静态和动态相结合的思维与分享模式，实现了师生的"思享碰撞，共生共长"。

"知识清香"对应启动环节，主要是引起注意、出示目标和激发动机。它帮助学生对要学的东西产生兴趣，为后续的认知过程做好准备。它体现了锋利沟通的求真精神，让学生明确要探究的问题和目标，培养了学生的好奇心和求知欲。

"过程亲尝"对应建构环节，是新信息进入头脑与旧的认知发生交互作用，而后生成新知识的过程。它有助于学生理解所学的东西，并将其与自己已知的东西联系起来，形成新的知识。它体现了实粒成穗的抱团精神，让学生在合作学习中相互支持、相互促进，培养了学生的团队意识和协作能力。

"思维烹饪"对应巩固和运用环节，是新知识被记住、被操作、被应用的过程。它帮助学生记住已学的东西，并能够举一反三，同时能用已学的东西解决问题。它体现了迈向光芒的卓越精神，让学生在实践中检验和提升自己的水平，培养了学生的创新意识和解决问题的能力。

"理解分享"对应总结环节，是回顾所学的东西，并梳理要点、反思收获。它可以让学生积极与他人合作、交流、展示，反馈自己的理解和收获。它体现了四步模型的核心价值，让学生在分享中得到认可和成长，培养了学生的表达和沟通能力。

总之，"思享"课堂借鉴了行为主义理论中的强调目标明确、反馈及时、强化巩固等原则，并在"知识清香"和"思维烹饪"中体现。

同时，"思享"课堂还借鉴了认知主义理论中的强调信息加工、先前知识激活、意义建构等原则，在"过程亲尝"中体现；还借鉴了建构主义理论中的强调主动探究、社会互动、情境创设等原则，在"理解分享"中体现。而联结主义理论中强调网络化、个性化、自适应化等原则，则在整个教学过程中体现。

（三）"思享"课堂的推进策略

1.念好"四"字诀，落实真学习，破思想冰点

光华实小以教研组长为核心建立学习专班，结合学校"穗阅读"活动，利用超星学习通、侯实图书馆、自建资源库等平台，开展新课标、学历案思享课堂系列沉浸式学习，进一步加深对新课标、学历案思享课堂的理解，为课堂改革的推进奠定坚实基础。

2.切片"六"要素，瞄准真问题，解编写难点

分学科分板块，采用"一解读五磨写"的方式，结合思享课堂理念，对学历案六大要素进行逐一的研究和磨写。实操：解读分解课标为大单元目标→磨写单元目标和课时学习目标→磨写评价任务→磨写资源与建议→磨写学

习过程→磨写学后反思。

3. 优化"三"统整，强化真运用，抓实操重点

从"论道"走向"践行"，学历案思享课堂的理念必须由教师到各学科课堂进行实践并不断反思总结，让素养导向真正落地。

（1）统整组内研讨，为学历案课堂导航。学历案实验学科率先在校内开展"试水"课，创建了校内学历案课堂范例。在区教科院的统筹安排下，我校数学、英语、音乐、美术等实验学科分别实践打造各具特色的生态课堂，以学历案为载体，以"自学、合学、群学"为主要活动形式，让学生在合作与分享中提升学习能力。各教研组每周开展一次学历案使用研讨，并基于实际的课堂观察，做好分工，收集实证，为学习目标分解、任务设计、学教评一致等科目提供良好的范例，使我校学历案课堂更加趋于校本化和学科化。目前，光华实小已成为区域学历案课改先锋学校。

（2）统整"5课"平台，为学历案课堂助力。把学历案课堂推进与学校最具特色的"5课"相结合，每类课侧重细抓细磨细评一个要素：推门课——练组织（抓目标分解）；见面课——搭框架（抓大情景下的任务设计）；诊断课——找问题（抓学教评一致）；达标课——抓生成（抓大任务下的学生反馈）；展评课——出成效（抓学后反思）。学校以"基于课标""学为中心""学教评一致"等理念的落地实效作为重点测评要素，推动了学历案课堂普及优化，营造了"比、学、赶、帮、超"的浓厚课改氛围，促进了广大教师的专业成长。

（3）统整常态课堂，为学历案课堂建模。学校要求全体教师常态课应常态化使用学历案，区教科院多次组织专家深入光华实小的常态课堂，通过实地调研、座谈交流，帮我们找真问题，寻真对策，在专家们的专业指导和热心鼓励下，我们攻坚克难的勇气与决心得到了增强。我们在课程校本化的推进过程中不断摸索、实践，逐步形成了常态学历案课堂的基本研究和实施模式。

课前——重学历案细研磨，奠定高效基础。

要求各学科组课前的学历案精细化编写、打磨，且必须基于课标教材、班情学情。集体备课应重点研讨学历案小组合作学习的问题设计、组织反馈及评价任务设计是否精准有效，为更好地开展课堂学习奠基。

课中——抓学教方式转变，彰显实践效能。

通过组织学生开展小组合作学习实践，教师不断总结利弊以提升效能，让更多的学生能够站在课堂中央，营造人人争做"四小至美娃"的教学场景。这凸显了学历案将学习知识过程"外化"的优势，做到了可视化评价，倒逼更多学生积极思考和表达，提升了师生互动整体效能。

课后——聚学教痛点反思，拓展成长半径。

学历案课堂的学后反思、教后反思应更多地聚焦学生学得如何，哪些活动与方式还可以改进和深化，通过个性化延展学习及多样态作业能否让学生学得更好。只有认真做好学后反思、教后反思，才能真正实现差异化教与学的双重建构，让课堂真正成为探究知识、互动共生的场所。

（四）制定"一"标准，落实真评价，保障"思享"特点

学校确定"思享"课堂主题，结合大单元学历案"思享"课堂评价量表（见表3-1）将课堂落到实处，用评价引领"思享"课堂落地生根，孩子们各方面的能力不断得到提升，必将成为颗颗饱满、迈向光芒的麦芒学子。

表3-1 光华实小"思享"课堂评价量表

| 光华实小学历案"思享"课堂评价量表 | | | | | |
|---|---|---|---|---|---|
| 执教老师： | 学科： | 课题： | 时间： | | |
| 维度 | 评价要素 | 评价标准 | 分值 | 得分 | 总分 |
| 核心价值观 | 目标定位 | 学习目标基于课标和学情，精准、规范、具体 | 10 | | |
| | 评价任务 | 体现大单元理念，指向学科素养，紧扣学习目标，任务设计科学，学习路径清晰，能清晰体现学教评一致理念 | 10 | | |
| 学生表现（"四小至美娃"体现） | 小听众 | 会倾听：静心专注，认真倾听，能做到边听边看（低段）、边听边记（中高段）；能在倾听和思考中发现规律，形成自己的见解 | 10 | | |
| | 小侦探 | 会思考：善于思考与发现，能与小伙伴开展合作与探究，进行分析推理，并归纳总结 | 10 | | |
| | 小记者 | 会质疑：大胆质疑，能对同学、老师的见解进行分析，补充或提出不同见解；分享展示时自信大方，表达清晰准确 | 10 | | |
| | 小老师 | 会评价：能对同学和自己的学习进行恰当评价、总结；能反思自己的学习行为并进行调整；能举一反三，解决新问题，并与同伴分享 | 10 | | |

续表

| 维度 | 评价要素 | 评价标准 | 分值 | 得分 | 总分 |
|---|---|---|---|---|---|
| 教师表现 | 氛围营造 | 教态亲切大方，语言规范清晰，情景创设恰当，践行"掌声鼓励"理念，调动学生的学习积极性，让不同层次的学生都能获得探究和成功的快乐 | 10 | | |
| | 组织分工 | 能借助信息技术手段，有效调控课堂，组织有序，小组合作设计合理，学生参与度高 | 10 | | |
| | 问题提炼 | 能有效地对学生的问题进行梳理提炼，做到学为中心，以学定教 | 10 | | |
| | 有效介入 | 关注讨论交流中的追问和提升，还课堂于学生，做到有效介入：介入在易混易错处；介入在拓展提升处；介入在思维碰撞处；介入在情感升华处 | 10 | | |
| 亮点： | | | | | |
| 建议： | | | | | |

（五）开展"一"论坛，强化真碰撞，着力思享提升点

为了促进和落实"思享"课堂进阶，我们坚持每年开展"思享"课堂大赛、隆重举行总结表彰大会以及基于"思享"课堂的教研组论坛，以比赛和论坛的形式对课堂进行梳理总结，实现了"思享"课堂进阶。

## 数学课时学历案：《分数的再认识（二）》

【学习目标】

（1）通过用纸条测量数学书长度的活动，能从度量的角度进一步认识分数的意义并说出分数单位的意义。

（2）结合分数墙，通过观察、交流和思考，会比较分数单位的大小，找到不同分数间的关系。

（3）在沟通数的联系中，知道数是计数单位的累加。

【评价任务】

（1）用分数单位量出新的分数。（检测目标1）

（2）比较分数单位的大小，至少找到一组不同分数之间的关系。（检测目标2）

（3）解释"数起源于数"这句话的意思。（检测目标3）

【学习过程】

任务一：认识分数单位。

活动1：折一折，量一量。

（1）用给定的纸条量一量数学书的宽是几个纸条长？

（2）用给定的纸条量一量数学书的长，并记录测量结果。数学书的长是（　　）。

（3）小组内交流测量结果和测量方法。（指向目标1）

活动2：想一想，认一认。

（1）把1张纸条平均分成2份，取其中的1份，就可以得到一个新的度量标准（　　）；

平均分成（　　）份，可以得到新标准（　　）；

平均分成（　　）份，可以得到新标准（　　）；

平均分成（　　）份，可以得到新标准（　　）；

……

（2）像（　　）这样的分数叫分数单位。（指向目标1）

评价任务一：检测目标1。

（1）我选择1个分数单位（　　），用它量（　　）次就是分数（　　）；

也就是（　　）个是（　　）。

（2）要得到分数可以用分数单位（　　）量（　　）次。

任务二：探秘分数墙。

活动1：认真观察"分数墙"，我在分数墙中还有新的发现。

发现1：_____。

发现2：_____。

……（指向目标2）

活动2：小组内交流自己的发现，并全班分享。（指向目标2）

评价任务二：检测目标2。

（1）在○里填 >、<。

$$\frac{2}{3} \bigcirc \frac{2}{7} \qquad \frac{1}{2} \bigcirc \frac{3}{5}$$

（2）填上不同的分数。

（　　）=（　　）

任务三：探秘"数家族"。

活动1：观察压扁后的分数墙，我发现最小的分数单位是（　　）；最大的分数单位是（　　）。（指向目标3）

活动2：观看微课，了解数的历史，并完成下面的表格。（指向目标3）

| 计数单位 | 累加次数 | 数 |
| --- | --- | --- |
|  | 4 | 40 |
| 一 | 8 |  |
|  | 5 |  |
|  |  | 0.7 |
|  |  |  |

观察计数单位、累加次数与数的关联，我发现数是由（　　　　）得到的。

评价任务三：检测目标3。

结合这节课的学习以及视频内容，我对"数起源于数"这句话的理解是：

_____

_____。

# 第二节　厘清学科特质，构筑研教学评

育人目标的实现应基于"求真精神"和"思享"课堂文化，因此，学校结合各学科特质，进一步明确学科实施路径，确保学科教学与学校整体教育理念深度融合，推动学生全面发展。

## 一、厘清学科特质，锚定育人目标

光华实小结合课程纲要以及各学科课程标准，精准提炼出具有学校表达特色的学科特质以及学科特色实施策略（见表3-2），并对应学校"四小至美娃"角色要求。

表3-2　光华实小学科特质及学科特色策略表

| 学科 | 学科特质 | 学科特色策略 | 角色彰显 |
|---|---|---|---|
| 道德与法治 | 品德良好、遵纪守法、热爱生活、乐学善思 | 情境模拟与案例分析 | |
| 语文 | 热爱母语、自信表达、鉴赏创造、传承文化 | 文本解读与文化探究 | |
| 数学 | 抽象思维、逻辑推理、构建模型、应用生活 | 问题驱动与探究式学习 | |
| 英语 | 自信交流、多元思维、世界眼光、合作共赢 | 情景交流与自信表达 | |
| 科学 | 质疑求真、探究交流、动手实践、应用创造 | 实验探究与项目式学习 | "小听众"式专注、"小记者"式质疑、"小侦探"式探究、"小老师"式评价 |
| 体育 | 自主健身、安全意识、体育道德、健康生活 | 体育游戏与竞技活动 | |
| 美术 | 美术表现、审美情趣、文化体验、运用转化 | 美术创作与文化探究 | |
| 音乐 | 审美情趣、艺术生活、个性表达、合作创造 | 音乐欣赏、创作与表演 | |
| 综合实践 | 实践经历、开放思维、自主参与、动态生成 | 项目式学习与社会实践活动 | |
| 劳动 | 鲜明思想性、突出社会性、显著实践性、特有综合性 | 劳动教育与社会实践 | |
| 信息科技 | 数字素养、创新思维信息安全、协作共享 | 编程实践与项目式学习数字化探究与创新应用 | |

通过以上策略，各学科在"思享"课堂文化的引领下，精准落实学科育人目标，为学生的全面发展奠定坚实基础。

## 二、构筑研教学评，铸就课堂品质

聚焦核心素养，光华实小致力于构建高质量课堂教学体系，打造了"研—教·学—评"一体化课堂教学体系（见图3-2），全力推进国家课程的高水平实施，明确各环节的关键要素与实施路径，确保教学全流程的高质量推进。

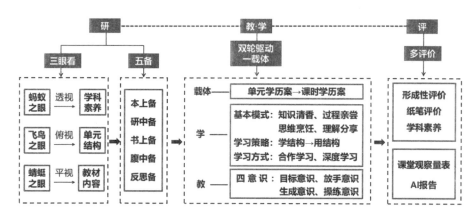

图3-2　光华实小"研—教·学—评"一体化课堂教学体系图

学校通过构建"研—教·学—评"一体化课堂教学体系，实现了以高质量的教研推动国家课程高质量落地。

1.多维视角+系统备课，精准解构课程

"三眼看"构建多维教研视角：以"蚂蚁之眼"透视学科素养，聚焦育人本质；借"飞鸟之眼"俯视单元结构，把控知识体系逻辑；用"蜻蜓之眼"平视教材内容，精析文本细节，实现从宏观到微观的立体教研。

"五备"形成系统备课链条：通过"本上备—研中备—书上备—腹中备—反思备"，覆盖备课准备、研讨优化、内容梳理、知识内化、复盘改进全流程，让教研既具视角深度又含实践闭环，推动教学研一体化高质量发展。

2.双轮驱动+载体支撑，高效落实课程

以学历案为核心载体，贯通教与学双轨。开发"单元学历案+课时学历案"双层级工具，强化教师的目标意识、放手意识、生成意识和操练意识，学生则遵循"知识清理→过程亲历→思维建模→迁移应用"的课堂模式，实现"学结构"与"用结构"的深度衔接，突出合作学习、深度学习，促进知识迁移应用，将国家课程内容转化为师生互动的教学实践。

3. 多维反馈 + 数据赋能，持续优化课程实施

通过构建"多评价"体系，聚焦学科素养，开展形成性评价、纸笔评价及课堂观察量表等多种评价方式，全面评估学生的学习效果。同时，引入 AI 报告，数据化分析课堂互动、学习效果等，精准诊断教学问题，反向优化教研与教学环节，形成"研—教·学—评"闭环。借助多维反馈、数据赋能和 AI 报告多轮评价并循证教研，持续调整、优化教学，推动国家课程实施从规范执行向高质量创新升级。在区域单元学历案循证教研展评中，光华实小 5 个学科获第一名；在全国"人工智能赋能教研模式变革"主题研讨会展评中，光华实小语文组的三段式展示获得崔允漷教授及与会人员极高的评价，反响热烈。

## 第三节　扎实"1134"研修策略，奠定专业基础

　　何为教研？从关系上言，教研中的"教"是"研"的对象，是承载"研"之种子萌发、生长、开花和结果的土壤，而"研"是行走在"教"之田野的心态、姿态和状态，犹如洒向土壤的阳光和雨露。显然，有了"研"的阳光才能照亮"教"的方向，有了"研"的雨露才能滋养"教"的土壤。故而有云："教而不研则浅，研而不教则空。"

　　"研"由"石＋开"组成，意思是指"把石头打开，求真事物的本质"。打开"教"之"石头"，教师能看见"教"之"五脏六腑"或"五光十色"，甚至发现"教"之"化石"或"玉石"。

　　于教师成长而言，"教研"是教师胜任教育教学工作的重要支撑，是教师找到教育制高点的通道，是教师发现教育规律、教学原理以及师生生命成长的节律和优势的眼睛，是教师精耕细作课堂教学的利器，是教师职业倦怠的"消除器"，是教师收获专业成长和职业幸福的田园。

　　2015年，光华实小建校，没几年，学校师生人数便出现井喷式增长，由于教师的流动性较强，其中有一年新上岗教师就多达53人，相当于一个甚至多个学校的教师总人数！直到2019年，学校实行"两自一包"管理体制后才大幅提高了教师的稳定性，但师生队伍仍在不断扩大（见表3-3）。

表3-3　光华实小2015-2023年师生及班级数据统计表

| 年份 | 2015 | 2016 | 2017 | 2018 | 2019 | 2020 | 2021 | 2022 | 2023 |
|---|---|---|---|---|---|---|---|---|---|
| 班级（个） | 31 | 44 | 52 | 63 | 72 | 74 | 81 | 84 | 89 |
| 学生（人） | 1300 | 1900 | 2640 | 3244 | 3689 | 3969 | 4008 | 4284 | 4527 |
| 教师（人） | 84 | 121 | 151 | 174 | 191 | 192 | 208 | 220 | 232 |

　　如何保证教师队伍专业水平持续提升，学校教育教学高质量发展？这需要学校从文化构建的视角和顶层设计的高度整体架构教师研修策略，多维立体推进校本研修，将其渗透到学校的每个角落，让研修内化到每位教师的价

值体系中。光华实小践行"求真、抱团、卓越"三大学校精神，从文化构建视角推进校本研修，并不断优化"1134"校本研修，开展了一场基于本校特色、最接本校地气的高质量校本研修策略的探索与建构，促进了教师队伍的高质量发展。

## 一、清理一片地基，提供优质土壤

华东师范大学的丁钢教授说，我们不能指望每个教师生来就是好老师，更不能指望所有的好老师都是自学成才，因而我们需要为他们提供好的成长土壤。

对此，光华实小首先是把握团队精神核心起点，筑牢师德师风"地基"，增强学校凝聚力，不断进行精神扎根；其次是每学年初通过纸质及网络问卷调查、面对面座谈沙龙等方式，对学校教师特别是新教师专业现状、发展规划等进行调研，梳理共性问题，精准把握团队的专业水平，在认真分析所收集信息的基础上，针对性地对学校新学年校本研修的"地基"进行更新。

## 二、撑起一个顶层，营造浓郁氛围

校本研修的前提是以校为本，核心目的是促进教师的专业发展。要变教师的被动发展为主动发展，就要着力于研修文化的培育，帮助教师转变对研修的态度，从"要我学习"转变为"我要学习"，形成自觉主动、积极进取的研修氛围。

近年来，光华实小一直致力于研修文化的打造，立足"生命教育·至美主张·麦芒符号"的理念，以"求真、抱团、卓越"三大精神为引领，努力撑起了一个校本研修的顶层架构。

研修精神倡导：开放、自主、合作、创新。

团队建设遵循：独行快，但众行远。

研修管理坚持：行政搭台，专业唱戏；求精细，贵坚持。

## 三、搭建三根支柱，构筑成长空间

（一）树好团队标杆

"教师的面貌，决定了教室的内容；教师的气度，决定了教室的容量。"光华实小在把教师视为学校的生命与发展源泉的同时，以建设高素质师资队伍为目标，采用"自我修为＋名师助力"的结对方式，打造教研组团队、办公室教研小团队和师徒团队三种不同类型的学习团体，对不同层次的教师提出不同的教育教学要求，帮助其实现个性化的发展。

由于新教师和同年级班级众多，学校在组建教研团队时煞费苦心。首先，甄选肯干能干的学科教师担任教研组长并对其进行专题培训，科学创建教研组——给教师一个专业发展的引领，确保每个学科都有领头羊。其次，搭建办公室教研小团队，从人员配置到桌椅摆放等细节确保青年教师从身边就能找到请教的对象、学习的榜样、思想的导师——给教师一个温暖成长的家园。最后，新老教师以师徒名义精心搭配，隆重举行结对仪式，强力推进师徒共进、师徒发展，严格考核师徒结对成效——给青年教师一个每天学习的榜样。

（二）建好制度栏杆

再好的制度也需要在实践中运行和检验，所以管理团队必须深入一线指导教师校本研修，从"论道"走向"践行"，让教师在行为习惯、思维方式、价值理念等方面形成共识，并真正内化为共同认可的文化。我们的做法是念好"导、跟、晒、访"四字诀。

"导"——方向指导，引领教师在集体教研中研有所得。

"跟"——跟进督促，管理团队分赴牵头教研组浸入式指导。

"晒"——围坐晒照，晒教研、相互听课、组内磨课、赛课等照片。

"访"——民间互访，教研组自主的民间互访学习常态化开展。

（三）用好激励杠杆

于教研团队而言，找出教研组在校本研修中的亮点，可供大家共同学习，而对于发现的问题则给予及时的帮助和指导，每学期根据优秀教研组积分评选结果由学校进行表彰奖励。于教师个人而言，学校会针对每一位教师的特点，为其设定发展方向，并为其发展需求提供支撑，助力教师成长。

1. 放大亮点——赞

（1）点亮教师微光。首先，收集教师个人优秀做法和优质课堂教学案例，建立健全教师微光汇平台，利用每周例会进行分享、学习和肯定，培养教师自信。其次，梳理教研组在教育教学实践中的经典经验，形成总结案例，通过学校微信公众号进行推广。

（2）开展教研组论坛。学期末开展不同主题的教研组专题论坛，为每个教研组搭建展示交流的平台，将各教研组在研修、教学、科研等方面的优秀做法和优异成绩进行精准提炼、精心总结，在展示交流中促进相互学习与提升。

（3）评选麦田"双星"。一方面，从优秀骨干教师中评选"麦田守望者"，用优秀骨干教师的专业高度、思想深度引领全体教师成长。另一方面，在青年教师中评选"麦田新锐星"，用青年教师的朝气和锐气激励更多的教师成长。

2. 群析个辅——实

对于研修中存在的普遍问题在全校进行分析、指导；对于在研修管理和常规管理中发现的特殊问题进行一对一交流指导，发放整改通知书，并设置"蜕变专区"追踪落实。

（1）全员跑课。优化学校诊断课模式，开展全员跑课活动。我们将同年级同学科老师分成数批，由行政、年级督学、骨干教师组成专家团队对本年级所有教师、所有科目的课堂教学进行面上的督查，40分钟跑完3～4位教师的课堂，并巡查作业、备课等事项，及时发现问题、肯定优点。

（2）精准"帮扶"。精准定位个别后劲不足、短板明显的教师，由一位行政、两位骨干教师组成"助力团"，开展以"每周四个一"（听一节课，查一次听课备课、作业批改，与本人交流反馈一次，与办公室同事或配班教师交流一次）为主要内容的精准"帮扶"活动，弥补教师短板，助力教师成长。

3. 考核激励——奖

将教研组的研修过程与结果纳入教学常规月考核、学期综合考核和年终绩效考核，考核结果同时作为优秀教研组评选的重要指标。

## 四、构筑四面专墙，助推全面发展

（一）降重心、回课堂，夯实"5课"常量墙

重心在课堂，以"5课"（推门课、见面课、诊断课、达标课、展评课）为抓手，精心设计教师成长路径，是教师特别是新教师的成长能量墙。

1. 推门课，练组织——入格

目标：驾驭得住课堂，吸引得住孩子，课堂组织有序有效，课堂调控有章法。分年段具体要求：

一二年级，能运用"课堂调控口令"；

三四年级，能落实"课堂习惯的培养要求"；

五六年级，能凸显"思维能力的培养过程"。

2. 见面课，搭框架——入格

目标：具备学科课堂教学的基本特点。

关注点：从新课引入到作业布置，环节是否清晰；是否体现教学的以生为本、以学为主；有没有用教材去引领孩子学习能力的提升，发展他们的思维能力。

3. 诊断课，找问题——合格

目标：针对教师个性特长、课堂教学水平的发展状况以及班级学生的训练状况，设计个性化的成长方案。

流程：新教师进行诊断课预约—学校统筹安排—课前邀请指导—课后检查指导—梳理收获与思考。

4. 达标课，抓生成——合格

目标：从理念到方法，从教师的组织教学到学生的学习状态，从重难点的突破到作业设计，先关注整体达标情况，再重点看教师对课堂生成的把控。

"立足学情，务实课堂研究；关注生成，促进师生成长。"我们用这样的达标课理念引领新教师关注学生学的状态，指引新教师抓住课堂生成的各个环节来推动课堂不断向深向广发展。

5.展评课，出成效——出格（优秀）

目标：众人拾柴火焰高，以理论指导实践，在实践中完善理论。

所谓"展评"，一是展示新教师的成长过程，在课堂组织、教学架构、学生评价、课堂生成方面的把控能力；二是展示经历完整的一套三段式（课前陈述+课例展示+课后反思）校本教研过程，在互助、分工、理论素材搜集、个人研究等环节的陈述表达中，提升对课堂、学科教学的理性认识。

光华实小新教师专业成长之"5课"研修模式，如表3-4所示。

**表3-4 光华实小新教师专业成长之"5课"研修模式表**

| 5种课型 | 关注指导重点 | 活动流程 | 参与人 | 评价建议 | 开展时间 |
|---|---|---|---|---|---|
| 新教师推门课 | 课堂组织基本有序，课堂调控有基本章法 | 新教师看网课、听师傅的课后独立呈现 | 管理团队学科牵头人 | 行政一对一进行交流，重在鼓励和教给基本策略 | 上学期第1-2周 |
| 新教师见面课 | 课堂教学行为与环节基本规范，具备学科课堂教学的基本特点，重难点把握基本恰当 | 师傅进行设计和初审修改，教研组或教研小组内进行1-2次磨课，面向全校推出展示 | 教研组全体及学校学科指导组 | 师傅和教研组对过程与结果进行评价，学科指导教师引领，与推门课比较，行政进行发展性评价 | 上学期第3-5周 |
| 新教师达标课及"至美杯" | 让新教师从理念到方法，从教学组织到与学生的互动，从重难点的突破到训练的落实，初步合格并力争出格 | 教研组设计讨论，全体组员参与进行3次以上的磨课；新教师参与"至美杯"赛课活动，并设计一份完整的"学历案" | 本学科全体教师及赛课评委 | "本人1+1、同伴2+2、学科指导教师1+X"的反思评价模式 | 上学期第7-14周 |
| 新教师诊断课 | 全面诊断新教师课堂教学、作业布置及批改、导优辅差等工作存在的细节问题，进行答疑和私人定制指导 | 新教师诊断预约；邀请指导教师听课；课后指导教师进办公室查阅备课、作业设计与批改；逐一拜访指导教师听取意见；与分管行政座谈 | 学科诊断小组成员 | 分为若干个学科指导小组对教师进行细节观察、指导和答疑 | 下学期第2-5周 |

续表

| 5种课型 | 关注指导重点 | 活动流程 | 参与人 | 评价建议 | 开展时间 |
|---|---|---|---|---|---|
| 教研组校本展评课 | 优秀新教师代表教研组参加学校校本展评比赛，从实践与理论两个层面展示教研组专题研究综合实力和成果，引领新教师关注学生的成长，推动课堂向深向广发展 | 教研组确立研究专题及执教内容，围绕专题进行3次以上的磨课研究，同步形成教研组课前陈述，由教研组进行完整的校本研修展评 | 教研组长、本学科教师及展评活动评委 | 按照校本研修展评方案开展现场课及主题研究的全面评价 | 下学期第7-14周 |

当然，课堂的落实还必须以课前、课后精细的教学常规管理为依托，光华实小在精细备课上下功夫，严格落实"本上备、研中备、书上备、腹中备、反思备"五个环节，坚持"结合查、展评查、定点查、随机查"四项把关，开展赞、析、奖三种反馈，让"543"备课成为标准，提高备课质量，促进课堂的高效实施。

（二）广拓展、深融合，搭好"X"变量墙

我们在常量更优的基础上进一步深化构筑"X"变量墙，围绕教师的专业成长设计了一系列培养模块：模拟医学解剖方式的学校特色教研"切片教研"重击教育教学的难点、痛点；利用"成都实验小学东方闻道"资源、TBL（基于团队学习）技术等，与学科融合，开展技术常态研究；三级基本功竞赛包括教研组初赛、学校复赛、推荐参加市区决赛，全面历练，展示队伍坚持坚守、创新创造，为教师成长赋能助力！光华实小教师"5+X"成长模式，如图3-3所示。

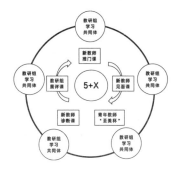

图3-3 光华实小教师"5+X"成长模式图

（三）练内功、厚底蕴，砌好阅读反思墙

光华实小依托"穗阅读"课程，构建"三步式"阅读，让阅读生根、拔节、吐穗，助力教师成为具有哲学头脑、学者风范、精湛教艺、愉悦心境和文化品位的人。同时，阅读反思也为教师的专业成长开辟了一条"快车道"。

首先，通过帮助教师明确为什么读（目标），怎么读（路径），读什么（内容）实现——生根。其次，通过教研组、微光汇、"穗阅读"、云阅读等团体和平台实现全员参与、全域覆盖、全时空运用达成——拔节。最后，阅读素养如麦浪涌动，阅读收获如麦粒充实，阅读影响如麦芒绽放——结实。

阅读反思墙为教师之间的对话反思、合作学习提供了机会，并以多种方式培育校本研修"生态场"。光华实小把校本研修与书香校园相结合，构建"学习型"团队，真正提升了教师的底蕴。

（四）聚问题、实研究，筑好教育科研墙

华东师范大学教授李政涛说，教研绝对不是高深的难以理解的工作，而是每个一线教师日常工作中的修行。做优做实教育科研是学校教育内涵发展、品质发展的必由之路。光华实小通过多年的探索与实践，始终坚持守正与创新，让教研聚焦问题，更焕发了校本教研生机。

1. "切片教研"出重拳，研出常规实效

研修要出实效，我们借用医学的解剖方式，开展"切片教研"，重击教育教学的难点、痛点。

（1）瞄准靶位诊、断、治。

诊——找出缺点，关键在准！

断——问题分析，关键在透！

治——提出改进，关键在妙！

作业"切片教研"时，我们定时布展、自由观展，让全体教师共同"出诊"，找出优点和缺点，并在组长的带领下边看边分享，对存在的问题进行原因分析，最后邀请相邻教研组围坐深入研展，提出改进措施。

"切片教研"，为学而研，有的放矢，切实有效，是微教研，也是大写意。

"切片"，我们不光切作业，也通过苏格拉底 AI 教研系统分解课堂切教学（对问题标签集中点进行深度研讨），还通过质量分析平台切数据。

（2）改变形式齐行动。

我们创新切片研修形式，让每位老师都动起来。在具体教研中，我们结合学校"四小至美娃"理念，除固定小主持外，其他角色均在研展环节中抽签确定，教师分别以不同的角色身份参与研讨，让每位老师都身动、脑动、心动……

2. 聚焦问题实科研，研出内涵特色

树立以科研促教研、以科研促发展的理念，用科研的思维做教研，以教研的方法做科研，通过自我反思、同伴互助、专业引领、潜能挖掘等方式方法，促进教师队伍专业化成长，从而提升校本研修文化的品质。教师们把需要解决的问题提交给学校，经学校管理部门整理、分类后再由各教研组自行认领研究。这种做法一改常态教研内容，让教研更能聚焦问题，焕发了校本教研生机。学校现有在研省、市、区级课题10个、校级课题23个，课题组成员均务实开展研究，并阶段性展示成果，为学校的内涵发展、质量提升及文化品牌创建做出了贡献。

"清理一块地基＋撑起一个顶层＋搭建三大支柱＋构筑四面专墙"是光华实小重要的研修架构，"1134"策略不断丰富和优化，为学校教师专业水平提升、学校文化品牌建设等持续贡献着力量。

在"1134"校本研修策略的指导下，学校教师队伍呈现出生机勃勃的成长状态，校本研修成果显著，现选编部分校本研修的典型案例于后。

**案例1**

教师微光分享——动静相间轻负高效策略

一、"动"起来，小组合作夯基础

在数学课堂中，"动"是展示、讨论、争辩、讲解等有声有形的外在活动。要提高课堂效率，就要让孩子们的思维"动"起来。

让孩子们的思维"动"起来，小组合作尤其重要。那么小组合作什么时候做，怎么做呢？我们以一个小组4名同学为例，分别为他们编号1-4号，其中1、2号同学为优生，3、4号同学为学习困难生，对应不同的课型，具体做法主要有三种。

（1）新课，给足交流时间，让3、4号同学多说多做。小组合作时，先由3、4号同学讲基本概念和方法，再由1、2号同学进行补充，给足交流时间，确保3、4号同学在小组合作中能多说多做，不让小组交流浮于形式。

（2）复习课，小组合作搭建单元知识框架。由1、2号同学帮助3、4号同学搭建框架，并带着3、4号同学梳理每个单元的内容。梳理完成，一起在黑板上构建思维导图。

（3）作业讲评课，按照独立修正—小组内完善—3、4号同学讲错题的流程进行小组合作。最后挑选出错误率比较高的题目，请3、4号同学进行全班讲解。

不同课型用不同的方式巩固3、4号同学的基础知识，提高其学科素养。

二、"静"下来，作业分层培优生

别样的小组合作模式让学习困难的学生的基础知识水平得到提升，也让优生的基础得到巩固。作为老师，我们应该思考，在"吃得饱"的基础上，如何帮助优生"吃得更好"？

延时课，"头脑风暴"——静下心。"静"是条件也是心境，二者相辅相成。优生完成作业后容易开小差，静不下来，此时就要请出我们的"头脑风暴"。保持延时课课堂安静，让已做完作业的孩子尝试独立完成拓展题，当他们百思不得其解时，老师适时地低语指点，孩子们便立刻心领神会，触类旁通。这样的学习能使孩子们产生愉悦的情绪，提高大脑的思维效率。

总复习，量身定做拓展题。总复习时学生学习水平分层更明显，为此我们为孩子们量身定做分层拓展题，使不同层次的学生都能获得针对性训练。

三、"善"评价，激发学习内驱力

小组加分提效率。3、4号同学主动举手回答且正确，该小组加2分，随机抽答加1分，因此每组的1、2号同学都会积极帮助辅导3、4号同学。获得加分使3、4号同学得到了鼓励，1、2号同学心里也是满满的成就感。1、2号同学主要在思维拓展中为小组加分。对于思维题，选择小老师讲解模式。课前学生预定题目并将思路先讲给老师听，然后在早自习或延时课为同学讲解。课上按讲解的合格程度加1~5分，讲得好的，老师会直接给满分，每周得分前三名的小组，可选择奖励小零食或免做部分作业。

平均分"PK"提质量。期末检测，我们还有最令孩子们期待的平均分"PK"制度。每一次模拟测评的成绩，根据小组四人得分汇总计算平均分进行排名。排名最高的小组可获小火锅奖励，但这份最高奖励需要所有任课老师的支持。

四、"巧"配合，促进学科均衡化

期末，针对我们班学习"剪刀差"比较严重的情况，和班主任相互配合。

语数配合——促均衡发展。总复习时，数学课上用两道门分出两个区域，题单过关的同学带上语文作业在走廊外完成，没有过关的同学留在教室里由我为他们统一讲解。延时课，从语文课上挤出时间给数学学习困难的学生辅导数学；从数学课上挤出时间给语文学习困难的学生辅导语文。

期末冲刺——放松调心态。期末最后两周，孩子们都比较疲惫，奖励本周学习效率较高的孩子在教室里看电影，而老师则利用这个空当儿继续单独辅导学习困难的学生，并安排小老师一对一讲解，此时走廊就是他们的学习阵地。

对于个别学生，老师会经常和他（她）谈心，帮助他（她）调整心态、稳定情绪，加以心理辅导与安慰，做好家校沟通，引导他（她）正确对待测评。

案例2

### 精耕于"作"耘麦田，"业"精于勤酿麦香
#### ——低段语文组教学常规展评暨"切片研修"活动

携一抹浅阳，奔赴暖冬之约。为提升我校语文作业整体质量，把教学常规落到实处，扎实有效地开展教学工作，同时为学生提供一次展示自己的机会，给教师搭建一个互相学习的平台，近日，我校低段语文组积极开展了教学常规展评暨"切片研修"活动。

相互观摩，共同进步。在展评活动中，不仅有精批细改的常规作业，更有设计独特新颖的特色作业。常规作业：孩子们不仅做到了让隽秀的字迹渗透自己的心灵，更陶冶了老师们的心灵。特色作业：为全面落实国家的"双减"教育政策，老师们转变教育观念，努力优化作业设计，力求给予每位同学动手实践、学以致用的机会，全面提升学生的语文素养，让作业能"起"于生活，"启"迪思维，"奇"思妙想，"齐"悟数美，焕发出灵动之美。

如切如磋，如琢如磨。以督促质，以研促能。本次活动，全校老师利用空闲时间，踊跃参观学习、交流讨论并积极留言。在展评观摩学习环节，老师们认真仔细，一边积极记录优秀教师的做法，一边反思困惑及不足。

独行快，众行远。高山仰止，方知才疏。三人同行，觉左右为师。在作业研讨与交流环节，各年级分享了作业分层设计、批改的妙招。

学贵有疑，小疑则小进，大疑则大进。活动最后，学校领导总结要求：一要加强学习，与时俱进。新课标的内容解读很多，课程目标的"学习任务群"是指导我们教学的，对此我们要有大单元整体教学的意识，要有以学为中心、以学生为本的意识。要站在学生的立场去设计教学，才能呈现扎实、高效的课堂。二要基于问题，专项研讨。对平时课堂教学中发现的共性问题，教研组要开展小专题研讨，聚焦问题本质，群策群力，在课堂中加以实践，形成有效的策略。三要分层辅导，有效提升。对待不同学情的学生，要采用针对性的方式方法，以激励为主，提升学生的学习主动性，使其乐于分享、勇于挑战。

本次研修活动的举办，对于教师专业成长是一次难得的学习机会，老师们收获颇多。未来学校将继续坚持"以研促学，以学促教"，共同推进高品质课堂建设。

## 案例3
### "463"策略务实推进学校教案的革命
#### ——温江区光华实验小学校校本化推进学历案的思考与实践

新课程需要新教学，新教学落到实处需要新方案。由华东师范大学崔永漷教授团队研制、正在温江区区域实践推进的学历案，正是这样一种让教与学更加专业的新方案。学历案基于学生立场，搭建可视化深度学习支架，聚焦核心素养，深化课堂变革，不断提高学科育人质量；学历案为温江区域推进课程改革、引领教育高质量发展创造了重要经验。2018年以来，温江区光华实验小学校面对区域课改浪潮积极应对，大量的校本化实践探索卓有成效，取得了良好的社会效应。

都说学历案的改革是一场教案的革命，如何从学校层面更好地推动这一场有意义有价值的革命，变事务管理为专业指导，从经验主义到专业支持？光华实小制定了"三步走"战略，通过"463"策略务实推进基于新课标理念的学历案校本化实践改革，引领教师锋利沟通、实力成穗、迈向光芒。

第一步：念好"四"字诀，落实真学习，破除思想冰点。

学习问道。学校以教研组长为核心建立学习专班，结合学校"穗阅读"活动，利用超星学习通、侯实图书馆、自建资源库等平台，开展新课标、学历案系列沉浸式学习。

骨干领学。派出学校行政以及优秀骨干教师到华东师大、南京一中、嘉兴一中等地进行学习；组织老师参加全区骨干班学习，让一部分人先成长起来，再把学历案的先进经验带给更多的人。

专家导学。邀请专家到学校，对全校教师开展专题培训，丰富了老师们对学历案的认知，也点燃了老师们践行学历案的热情。

个人自学。以学习共同体的方式纵深推进教师阅读，共读《教案的革命：基于课程标准的学历案》《学历案与深度学习》《基于课程标准的学历案：温江经验》《新方案、新课标、新征程》等书籍，学习研讨新课标、学历案、大单元教学等。学校常态化、多样化推进每个寒暑假读书活动，形成了行之有效的路径，构建了"线下＋线上"的阅读模式。比如：2022 年，全体教师利用暑假、寒假线下共读《新方案、新课标、新征程》等专著，勾画、批注、摘录，依托"学习通"点赞、互学、互评，创造了六千多条打卡纪录、两千多条评论；开学前，分教研组进行论坛，通过"看—记—想—写—讲—评"巩固对新课标、学历案的理解，为课堂改革推进奠定了坚实基础。

每周合学。坚持"每周一学"的专题学习环节：常规教研的前 10 分钟，统一学习，轮流讲授理论学习的心得体会，将学习的过程、学习的记录在学校微信群展示，确保学习效果。

特色督导。成立以校长为组长、分管副校长为副组长、教导处中层干部为组员的"学历案教学实践"领导小组，亲身实践，分包学科，以点带面，对广大教师进行专业引领和行政督促，念好"导、跟、晒、访"四字诀。

"导"——方向指导。教导处每周发布学历案教研指导意见，各教研组细化形成具体方法策略，确保学历案思想在教师心中生根。

"跟"——跟进督促。常规教研管理团队的成员每周分别深入一个教研组，浸入式参与教研并指导，视情况重点跟进。

"晒"——围坐晒照。各教研组在学校微信群里晒大家学历案专题学习的研讨过程与成果。

"访"——民间互访。教研组内、组间自行组织的民间互访，交流学历案学习和使用心得，提高效率。

第二步：切片"六"要素，瞄准真问题，解决编写难点。

范本编写。为了把理论变成实际的操作，我们开始试水编写学历案。与区教科院学历案推进工作同频共振，积极申报学历案实验学校、实验学科，精选骨干教师组建数学、英语、美术、音乐等学科先锋团队。先锋团队将"学为中心"理念、学历案的基本结构、学科特点有机结合，编写出形神兼备的学历案，上传资源库作为全体教师的学习范本。

专题赛训。充分学习后，学校全员开展以赛代学、以赛代训的活动。

由学历案骨干班成员根据解读教材的能力、把握课标的精准度、学历案要素的解读、学生学习活动的设计等要素存在的问题将全体教师编写的学历案进行分类，邀请区教科院王毓舜、张周、张光伟等专家基于我们的学历案问题，进行理论与实践相结合的全员培训，聚焦真问题，解决真困惑。

实操研磨。全员培训后，各组教师再次编写学历案，然后邀请各学科教研员进校园分学科分板块，基于"六"要素进行"切片"式学历案编写研磨指导。接下来，全体教师采用"一解读五磨写"的方式对六大要素进行逐一的研究和磨写实操：解读分解课标为大单元目标→磨写单元目标和课时学习目标→磨写评价任务→磨写资源与建议→磨写学习过程→磨写学后反思。

第三步：优化"三"统整，强化真运用，突出实操重点。

从"论道"走向"践行"，学历案思想理念必须由教师到各学科课堂实践研究并不断反思总结，让素养导向真正落地。

统整组内研讨，为学历案课堂导航。学校学历案实验学科率先开展"试水"课，提供校内学历案课堂范例。在区教科院的统筹安排下，我校数学、英语、音乐、美术等实验学科实践打造各具特色的生态课堂，以学历案为载体，以"自学、合学、群学"为主要活动形式，让学生在合作与分享中提升学习能力。各教研组每周开展一次学历案使用研讨，包括基于实证的课堂观察等，做好分工，为学习目标分解、任务设计、学教评一致等提供良好的范例，使我校学历案以校本化、学科化策略推进。另外，学校还择优推荐教师参加学区、全区标杆课大赛，已成为名副其实的区域学历案课改先锋学校。

统整"5课"平台，为学历案课堂助力。我们把学历案课堂推进与学校最具特色的"五课"活动相结合，每类课侧重细抓细磨细评一个要素：推门课——练组织（抓目标分解）；见面课——搭框架（抓大情景下的任务设计）；诊断课——找问题（抓学教评一致）；达标课——抓生成（抓大任务下的学生反馈）；展评课——出成效（抓学后反思）。将"基于课标""学为中心""学教评一致"等理念的落地实效作为重点测评要素，推动学历案课堂普及优化，营造"比、学、赶、帮、超"的浓厚课改氛围，促进广大教师的专业成长。

统整常态课堂，为学历案课堂建模。我们要求全体教师常态课常态使用学历案，区教科院专家组多次深入我校常态课堂，实地调研、座谈交流，帮我们找真问题、寻真对策。在专家们的专业指导和热心鼓励下，我们攻坚克难的勇气与决心得到了增强。我们在校本化推进过程中不断摸索实践，逐步形成了常态学历案课堂基本研究和实施模式。

课前——重学历案细研磨，奠定高效基础。

我们要求各学科组课前的学历案精细化编写、打磨，且必须基于课标教材、班情学情。集体备课重点研讨学历案小组合作学习的问题设计、组织反馈及评价任务设计是否精准有效，为更好地开展课堂学习奠基。

课中——抓学教方式转变，彰显实践效能。

通过组织学生开展小组合作学习实践，教师不断总结利弊以提升效能，让更多的学生能够站在课堂中央，营造人人争做"四小至美娃"的教学场景。这凸显了学历案将学习知识过程"外化"的优势，做到了可视化评价，倒逼更多学生积极思考和表达，提升了师生互动整体效能。

课后——聚学教痛点反思，拓展成长半径。

学历案课堂的学后反思、教后反思应更多地聚焦学生学得如何，哪些活动和方式还可以改进和深化，通过个性化延展学习及多样态作业能否让学生学得更好。只有认真做好学后反思、教后反思，才能真正实现差异化教与学的双重建构，让课堂真正成为探究知识、互动共生的场所。

核心素养的养成需要确保学生形成结构化学习经验，并建立起知识与经验的关联，素养导向的教学必须超越以课时为基本单位、聚焦于知识传授的教学，提升教学站位，走向大单元教学。目前，我们正根据新课标的理念继续大单元学历案设计研磨及课堂实践，用立标杆、大整合等方式，对如何进行大概念确定、大情景创设、大任务设计及课堂实践进行切片研磨。相信在大单元学历案教学的持续实践中，我们一定会找到一条具有光华实小特质的学历案教学路径，花开彼岸。

（此文系 2023 年第二届中国基础教育论坛暨中国教育学会第三十四次年会微论坛分享稿）

# 第四章　学科拓展扬特长

## 第一节　三级课程架构，分层赋能

光华实小为了实现"从享有到享受"的目标，发扬"实粒成穗"的抱团精神，将社团课程建设与学校文化相融合，打破统一、同质和保守的枷锁，开发与执行并重，按照年级社团课程生根、校级社团课程拔节、精品社团课程吐穗的办学原则，由教师组团申报，合作研发三级社团课程118个，助力学生全面发展。光华实小"三级四维"拓展课程实施框架，见图4-1。

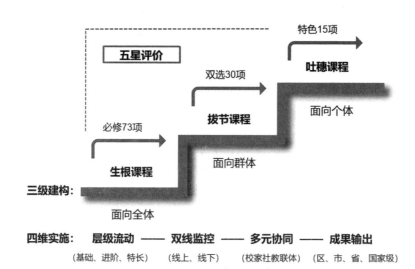

图4-1　光华实小"三级四维"拓展课程实施框架图

## 一、整体确定三级课程

（1）生根课程：立足学科基础，面向全体夯基。各学科教师在任教年级内自主组队（至少2人）进行学科拓展课程命名申报、合作研发，通过每周五的"走课走班"教学实现全员参与。

（2）拔节课程：立足学生特长，面向群体展长。开发艺术、科技、体育、信息四大领域共30余项校级社团课程，形成"健康训练""未来科技""尚美艺术""益智魅力"四大营，通过成果展演、竞赛选拔实现能力外显。

（3）吐穗课程：立足创新拔尖，面向个人铸峰。培育品牌化精品课程，组建骨干、名师领衔的导师团队，开发人工智能编程、科创发明、传统美学、艺体创新等课程，通过校际交流、成果出版、赛事晋级等方式形成示范效应。

## 二、四维实施策略，多元协同，激活个性

（1）"层级流动"，激活个性潜能。打破粗放式兴趣培养，动态考核，通过"普及→提升→拔尖"的螺旋上升通道，实现课程层级流动，让学生从享有参与活动的机会，到享受学习实践的过程，发展个性特长。基础通道，学生根据兴趣爱好、特长，通过网上选课报名，实现全员参与；进阶通道，老师培养发现苗子，特长生可通过年级社团考核达标后直接晋升；特长通道，通过微光手册进行"麦芒潜能评估系统"跨级选拔。

（2）"双线监控"，护航个性发展。"诊断—优化—迭代"管理闭环：线上依托智慧教育平台生成学情热力图，实时监测学生课程参与度与能力发展曲线；线下课程开展推门听课、切片研讨、集体视导等方式的专项督导，学期末召开社团质量分析会，确保课程体系持续焕发活力。

（3）"多元协同"，拓展个性空间。整合优质资源，建立校家社协同育人"教联体"，引入高校、科研机构建立专家导师团队，整合企业、社区资源，搭建实践基地，拓展学生个性发展空间。

（4）"成果输出"，放大个性价值。校级设置课程体验馆、成果拍卖会等特色板块；区级通过"综合运动会""创新思维大赛""艺术节"等开展校际课程联展，组织人工智能挑战赛、体育技能赛等专项活动；省市级层面对接各类顶级赛事，建设"课程成果资源库"，物化成果，实现经验辐射。

## 三、五星评价体系，量化标准，培育标杆

构建"过程＋成果"多维评价指标，凸显个性成长。创新推行"五星评定"模式，以组织管理、课程实施、学生参与、成果输出、特色创新为评价内容，形成五星课程评定标准（见表4-1）。

表4-1　光华实小五星社团课程评定标准表

| 星级 | 组织管理 | 课程实施 | 学生参与 | 成果输出 | 特色创新 |
|---|---|---|---|---|---|
| ★ | 有初步社团章程与活动规划，管理机制基本建立 | 课程内容基础，实施过程规范，缺乏系统性与创新性 | 学生参与度一般，出勤率与任务完成度达到基本要求 | 有初步成果输出，但形式单一，影响力有限 | 无明显特色或创新点 |
| ★★ | 社团章程与规划明确，管理机制较为规范，资源整合初步实现 | 课程设计有一定层次性，实施质量较好，但创新点不足 | 学生参与度较高，任务完成度较好，合作表现良好 | 成果输出形式多样，质量较好，在校内有一定影响力 | 初步形成社团特色，但创新性不明显 |
| ★★★ | 管理机制完善，资源整合有效，社团运作流畅 | 课程设计系统化，实施质量高，注重学生互动与实践 | 学生参与积极，覆盖面广，个性发展初见成效 | 成果输出质量较高，在校内产生一定影响 | 社团特色明显，有一定的创新举措 |
| ★★★★ | 管理机制高效，资源整合全面，社团运作具有示范性 | 课程设计层次分明，实施质量优秀，创新性突出 | 学生参与度高，覆盖面广，个性发展成效显著 | 成果输出形式丰富，质量优秀，在校内外产生较大影响 | 社团特色鲜明，创新性强，在校内具有引领作用 |
| ★★★★★ | 管理机制卓越，资源整合高效，社团运作成为标杆 | 课程设计系统化、创新化，实施质量卓越，学生互动与实践效果显著 | 学生参与度极高，覆盖面广，个性发展成效显著 | 成果输出形式多样，质量卓越，在校内外产生广泛影响，具有社会价值 | 社团特色突出，创新性显著，在校内外具有示范性与引领作用 |

高星级社团的优秀成果通过校级展示、区域交流、媒体宣传等平台进行推广，扩大社团影响力，为学生提供更多展示自我、实现价值的机会，助力其个性潜能的充分释放。

# 第二节　拓展课程的开发与实施

随着社会的发展，教育也不再局限于传统学科知识的传授，而是更注重学生全面发展的综合素养与创新能力的培养。学校教育作为人才培养的主阵地，常规课程体系虽为学生奠定了知识基础，却难以充分满足学生日益多元且个性化的成长需求。在此背景下，拓展课程应运而生，为校园教育注入新的活力。它突破了常规课程的边界，以丰富多样的内容和形式，为学生打开了一扇扇通往未知世界的大门，成为助力学生全面发展、个性成长不可或缺的重要力量。

## 一、拓展型课程的定义

拓展型课程是基于学科、学生、教师、学校实际，整合多种资源进行的学科课程开发，以培育学生的主体意识、完善学生的认知结构、提高学生自我规划和自主选择能力为宗旨，着眼于培养、激发和发展学生的兴趣爱好，开发学生的潜能，促进学生个性发展和学校办学特色而形成的一种体现更高要求、具有一定开放性的课程。

## 二、拓展型课程的目标

学校在基础性国家课程高质量实施的同时，引领教师进行"重开发、重特长、重个性"的学科拓展课程开发与实施，于教科书外求载体，大社会中求教材，目的是让学生寻找到更多的兴趣、价值与可能性。拓展型课程通常以校级社团和年级社团为实施载体。

## 三、拓展型课程的开发依据

学校依据不同课程功能的层级划分，呈现纵向衔接和进阶，以拓展性课程满足学生对学科课程的差异化需求。各教研组或教师个人可根据本学科实际情况，采用"自我挖掘、统一调控、结成小组、合作研发"的方式组建课程开发团队，确定课程名称、编制拓展课程实施纲要，不断丰富学科课程的内容。

（1）以促进学生发展为着力点。从学生的实际情况出发，兼顾学生的需要、兴趣、价值观，尊重差异性，力求让每一个学生都得到针对性培养，实现个性发展。

（2）以学校特色文化为生长点。充分汲取办学中形成的宝贵经验和文化，依托学校确定的麦芒文化意象，研究、开发、编写出特色鲜明独特的校本课程。

（3）以转变教师角色定位为风向标。教师是拓展型课程建设的主人，应充分发挥教师的主动性和创造性，变课程的执行者为课程建设的开发者、实施者。

（4）以校本课程资源整合为突破口。立足现有条件，最大限度地利用校内的人力、物力、财力等资源，把生活经验、知识储备、文化提炼等转化为课程建设的资源。

### 四、拓展课程的开发途径

光华实小依据学校文化意象小麦的生长过程，为各年级社团课程命名。比如，土壤红彤彤——一年级孕育课程，麦芽黄澄澄——二年级吐芽课程，麦苗青悠悠——三年级拔节课程，麦叶绿油油——四年级吐穗课程等。

学校拓展课程的开发途径：寒暑假分学科阅读学科课程拓展专著→开学前分教研组结合新学期教材进行拓展课程设计→利用延时课进行学科拓展课程实施→期末教科研大会分享、总结、推广。

学校各年级学科教研组按照"预报方向、结成小组、合作研发、共同实施"的要求开展年级社团活动，学生利用选课平台"自主选课"，学校通过"统筹调控"确保落实。这个过程充分调动了教师开发建设课程的积极性，既能实现课程建设的规模效应，又能对教师个体或群体教学特色、教学风格的形成产生积极影响。

## 五、拓展课程的实施原则

学校校级精品课程及年级兴趣课程均按照"四定三评一双选"的原则构建实施（四定：定课程方向、定执行教师、定教学场域、定选生方案；三评：期初评课程设计规划，期中评实施进程，期末评实施效果；双选：教师和学生双向选择），实行自主申报与学校统筹调控相结合。

## 六、拓展型课程的场域保障

截至 2024 年，光华实小已累计开发设计并实施健康、益智、尚美、科技四大营（校级社团）双选课程 32 门、走班走课学科拓展课程（年级社团）63 门，有力地拓展了学科知识，让学生有了更多的选择和成长可能，促进了学生的全面发展。学校也因此朝着"让人生向宽而行"的课程愿景迈出了坚实的一步。

学校固定在每周一、周五的延时课开展分级社团教学活动。校级社团采用教师、学生"对位双选"制，提前批跨年级招录队员，充分利用校内各功能室开展教学活动，保证有一定基础的学生序列学习，有力推动了学校品质特色课程的建设。年级社团实行年级内"平台抢课"，采用教师走班和学生走课相结合的方式在各年级教室开展教学活动。校级、年级社团的有序开展，使学校学科拓展课程建设呈现出生机勃勃的发展态势，在落实"五育并举"、融合育人方面不断突破。

# 第三节　学校社团概述

为全面落实立德树人根本任务，进一步推进素质教育，培养德智体美劳全面发展的社会主义建设者和接班人，光华实小在"生命教育·至美主张·麦芒文化"的顶层文化引领下，以培养"有谦逊品性、才华饱满，以实力声名远播的现代少年"为目标，通过选配优质教师资源、开发内容丰富的社团活动课程、培养学生兴趣爱好、锻炼学生意志、激发学生的创新能力、发展学生的个性特长，实现学生的多元成长、个性发展。

## 一、优化教师配置

选拔专业指导教师：通过校内招募与校外人才引进相结合，选拔具有专业特长的教师担任社团指导教师。每个社团实行2~3人组团开发，组团实施，角色互补。例如，对于音乐社团，选拔具有声乐、器乐专业背景或丰富音乐教学经验的教师；对于科技创新社团，邀请在电子信息、编程等领域有专长的教师。同时，要求教师具备良好的沟通能力和团队协作精神，能够有效地指导学生开展社团活动。

教师专业培训与提升：定期组织社团指导教师参加专业培训，培训内容包括最新的教学理念、专业技能提升以及社团管理经验分享等。鼓励教师参加行业内的研讨会、学术交流活动，开阔教师的视野，提升教师的专业水平。

建立教师激励机制：设立社团指导教师专项奖励制度，对在社团建设和指导中表现优秀的教师给予表彰和奖励。奖励方式包括物质奖励和精神奖励，颁发"最佳指导奖"、绩效考核时给予适当倾斜等。同时，为教师提供更多的职业发展机会，如优先推荐参加各类竞赛和培训活动等，激发教师参与社团指导工作的积极性和主动性。

## 二、实施师生双选机制

在每学期末，组织社团集中开展宣传与展示活动。各社团通过制作宣传海报、宣传视频、举办社团成果展示会等方式，向学生全面介绍社团的活动内容、特色、取得的成绩等。例如，美术社团举办"迎元旦""迎新年"学生优秀作品展览；舞蹈社团进行现场舞蹈表演，让学生直观地了解社团的魅力，吸引学生报名参加。

### 1.学生自主申报

学生根据自己的兴趣、爱好和特长，在规定的时间内通过线上或线下的方式自主报名参加社团。报名时，学生需要填写个人基本信息、选择意向社团以及说明报名理由等。学校对学生的报名信息进行汇总整理，为后续的师生双选做好准备。

### 2.教师选拔学生

社团指导教师根据社团的特点和发展需求，对报名的学生进行选拔。选拔方式包括面试、技能测试、作品展示等。例如，书法社团要求学生提交一份自己的书法作品，社团指导教师通过作品评估学生的书法基础和潜力；辩论社团组织面试，考查学生的语言表达能力、思维逻辑能力和应变能力等。教师根据选拔结果，确定社团成员名单，并进行公示。

师生双选结束后，学校会进行再次核查，对于报名人数超过50人的超大型社团或人数不足25人的社团，学校将根据各社团的报名情况，再次征求师生意见，进行综合调控，将社团人数控制在30人左右的合理范围，确保课程效果。

## 三、合理安排社团活动时间

（1）活动计划详细。每个社团根据自身的课程体系和教学目标，制订详细的学期活动计划。活动计划要明确每周的活动主题、内容、教学方法以及预期目标等。

（2）每周课时固定。将社团活动时间纳入学校课程表，每周安排固定的4课时。具体时间可以根据学校的教学安排和社团活动的特点进行合理调整。如安排在每周一、周五下午的课后时间或分散在不同的工作日，确保社团活动有足够的时间开展，让学生能够深入学习和实践。

（3）灵活调整活动时间。在保证每周4课时的基础上，根据社团活动的实际需求，如参加比赛、排练节目等，可以适当灵活调整活动时间。在临近重要比赛时，可利用周末或节假日的时间进行集中训练，但须提前向学校和学生家长报备，确保学生的安全和学习不受影响。

## 四、积极参加比赛展演等活动

（1）校内比赛与展演。定期举办校内社团比赛和展演活动，为学生提供展示自我的平台。比赛和展演的形式可以多样化，如文艺汇演、科技作品展览、体育比赛等。例如，每学期举办一次校园文化艺术节，组织音乐、舞蹈、戏剧等社团进行文艺展演；每年举办春季、秋季两次运动会，"麦芒杯"篮球联赛、足球联赛等；通过校内活动，激发学生的竞争意识和团队合作精神，提高学生的专业技能和综合素质。

（2）校外比赛与交流。积极组织社团参加校外的各类比赛和交流活动，拓宽学生的视野，提升社团的影响力。在参赛和交流过程中，让学生学习借鉴其他团队的优秀经验，提高自身水平。

## 五、建立校本读物资源库

组织社团指导教师和相关学科教师，广泛收集与社团活动相关的读物资源。鼓励教师和学生自主创作与社团活动相关的读物，如社团作品集、社团训练指南、研究报告等。对收集到的资源进行分类整理，按照社团类别、学科领域、年级层次等进行归档，方便查阅和使用。

学校结合健康、益智、尚美、科技等内容创造性开展"四大营"校级社团。

健康训练营："博弈"围棋社团、"绿萤"网球社团、"旋风"乒乓球社团等。

益智魔力营："好孩子"演讲与口才社团，数学绘本、英语绘本与戏剧社团等。

尚美艺术营："红孩子"国旗班、"麦田蓝韵"蓝染社团、"泥乐"陶艺社团等。

未来科技营：创意编程社团、人工智能社团、创美科学社团等。

## 六、光华实小主要社团介绍

在这片充满活力的沃土上，光华实小始终致力于为学生构建全面且多元的成长环境。为满足这种多元需求，校级社团作为拓展课程的生动实践形式，犹如一个个小型的知识与兴趣共同体，涵盖了艺术、科学、体育、文学等各个领域。它们以独特的魅力吸引着不同兴趣爱好的学生，成为学生们探索自我、发展特长、提升综合素养的重要平台。在这里，学生们不仅能够深化对某一领域的认知，更能在团队协作与交流中培养创新思维、沟通能力与团队精神。

1. "彩墨童年"国画社团

社团宗旨：传承文化、发展个性，提高兴趣、训练技法。孩子们在这里展示才华、收获快乐和成长，在学习品评国画作品标准和美学基本原则的同时，习得基本的国画技法。国画社团帮助孩子们学会欣赏美、发现美和创造美，逐步形成在国画方面的特长，充分展现了我校书香校园的丰厚底蕴。

2. "创美"科学社团

创美科学社团旨在让学生"像工程师和科学家那样"经历丰富而完整的科学/工程活动过程，提升素养，强化思维，获得解决问题的能力，培养系统地、创造性地解决问题的思维习惯。社团以项目化学习开展教学，在真实情境下解决真实而复杂的问题，习得不同学科的知识。通过多个项目化学习，培养学生团队合作的意识、解决问题的能力，切实调动学生的思维。孩子们亲历过程，制作项目展板与作品，以参与者、探索者的角色进入学习状态。

3. "未来"人工智能社团

人工智能社团于 2019 年成立，社团以培养新时代小学生的思维能力和创造力为宗旨，以增强学生竞争力为目标。开展的项目有超级轨迹赛、无人机、火线行动、3D 打印、激光雕刻、"Scratch 创意 +Arduino 套件"等课程，社团学生现已在各级人工智能竞赛项目中崭露头角。其中，2021 年温江区无人机、智能小车比赛，2022 年成都市超级轨迹赛，均荣获第一名；在

2023年成都市信息素养机器人大赛中斩获各类奖项共计24项。

4."创意"编程社团

社团主要课程为学习制作完整的益智游戏与动画，学生自主编辑，自主开发脚本。社团课程与生活相结合，选择利于学生学习、符合学生现阶段水平、有助于提升学生编程能力的游戏进行学习。合理的编排与设计、适当的讲解与探究、开放性问题的思维训练，让学生在培养基础知识和基本技能的过程中，强化关键能力培养和提高认知能力，引导学生独立思考、逻辑推理等发展计算思维。

5."麦跃动"羽毛球社团

"麦跃动"羽毛球社团是我校特色体育社团，是"培养学生健康快乐成长"体育教育理念的重要体现，开阔了学生视野，激发了学生的学习兴趣，促进了学生个性特长的发展。

6."麦田蓝韵"蓝染社团

有一种艺术叫蓝染——它静谧而又疯狂，久远却又新颖。蓝染艺术分扎染、缝染、蜡染、灰染等门类。孩子们在蓝色的世界里游走，创造着属于他们的无限可能。

7."好孩子"主持人社团

"好孩子"主持人社团旨在培养学生的语言表达能力，鼓励学生在众人面前敢于说话、主动与人交流。社团从解放天性、播音发声、斧正发音、诗歌朗诵、即兴演讲、戏剧表演等方面锻炼学生的语言艺术综合能力。

8."越冬"心理社团

社团以培养学生心理弹性为重要目标，结合朋辈心理互助的方式，对学生进行团体心理辅导，并开展个体咨询与会谈。社团活动内容包括创设社团相关方案及制度，结合心理测评结果进行社团成员招募，分年段、分方法进行团辅、会谈和个辅，通过心声委员、心理讲座发挥辐射作用，开发"越冬"课程进行系统性团辅等。

9."星空"跆拳道社团

跆拳道是一项非常注重礼仪的运动，也是奥运会的比赛项目之一。"星空"跆拳道社团以"崇礼尚武，勇攀高峰"为教学课程理念，致力培养德智体美劳全面发展的新时代少年。通过学习跆拳道，学生的身体不仅得到了锻炼，还养成了诸多良好习惯。

10. "绿萤"网球社团

网球社团成立于 2019 年，有二年级和四年级两个梯队，共 25 人。社团课程的宗旨是普及网球运动、丰富学生课余活动、强身健体、增强自信，为学校培养一支高水平的网球队伍。社团成员积极参加各类网球比赛，成绩斐然，在成都市第十四届运动会中获得网球比赛团体第四名，在成都市第一届青少年学生网球比赛中获得团体第五名。

# 第四节　年级社团建设与实践

学校社团课程是学校为学生提供多姿多彩的课外活动的主要途径，也是学校持续推进素质教育，实现学校特色办学、学生多元成长、教育均衡发展，建设生态、文明、健康的校园文化的重要助力。全面推进社团建设，丰富学生校园生活，让学生学玩结合，充分展现了学生朝气蓬勃、奋发向上的精神风貌。

## 一、坚持兴趣主导原则

课程设计贴合兴趣：在年级社团课程设计阶段，充分调研本年级学生的兴趣爱好倾向。通过问卷调查、班级讨论等方式，广泛收集学生对社团课程的期望与需求，同时确保社团课程内容紧密围绕学生兴趣点，激发学生参与社团活动的积极性。

教学方法激发兴趣：社团指导教师在教学过程中，应采用多样化的教学方法，以保持学生的学习兴趣。如运用项目式学习法，让学生在完成具体项目任务的过程中，掌握专业知识与技能。又如，引入小组竞赛、游戏化教学等方式，增加教学的趣味性和互动性，让学生在轻松愉快的氛围中学习。

成果展示强化兴趣：组织社团成果展示活动，为学生提供展示自我的平台，如作品展览、汇报演出、技能竞赛等。通过成果展示让学生感受到自己在社团学习中的成长与收获，进一步提高学生对社团活动的兴趣和参与热情。

## 二、强化教师专业能力

精准选拔适配教师：各年级依据社团课程的性质与需求，在校内发布社团指导教师招募通知。鼓励有专业特长的教师积极申报，并综合考察教师的专业素养、教学能力以及与学生的沟通能力，2～3人组队开发，确保选拔出最合适的指导教师。

定制化专业培训：针对不同社团类型，定期组织校内培训工作坊，邀请行业专家、资深教师进行授课。

教师专业成长激励：对在社团指导工作中表现突出、助力学生取得显著成果的教师给予奖励。奖励形式包括奖金激励、荣誉证书表彰。同时，为教师提供更多专业发展机会，如推荐参加高级别的教学培训、组织教师参与社团课程开发项目等，激发教师不断提升专业能力的积极性。

### 三、搭建高效选课系统

构建选课平台框架：学校信息技术部门协同年级管理团队，搭建线上选课系统，提前发布课程信息。选课系统设计应简洁明了，易于操作，能展示各社团课程的分类导航，如艺术、体育、科技、文学等。包括课程名称、授课教师简介、授课时间（精确到具体时间或时间段）、课程目标、课程内容大纲以及最大容纳人数等信息。

学生自主选课：在规定的选课时间段内，学生使用个人账号登录选课系统，根据自身兴趣爱好和时间安排，在系统中选择心仪的课程。提交选课申请后，系统自动进行数据处理。若所选课程人数未达上限，则选课成功，学生可在个人选课页面查看已选课程信息；若该课程人数已满，系统即时弹出提示，学生须重新选择其他课程。整个选课过程中，系统实时更新各课程的报名人数情况，供学生参考。

选课结果确认与调整：选课时间截止后，系统生成选课结果报表，年级管理团队和各班主任对结果进行审核。若发现学生存在误选、漏选等情况，及时联系学生进行调整。同时，将最终选课结果通知到每位学生和相应的社团指导教师，确保各方信息准确无误。

### 四、有序推进学生走班

走班过程管理：社团课程开始前，指导教师进行考勤，记录学生出勤情况，并及时将缺勤学生信息反馈给班主任。在上课期间，教师负责维持课堂秩序，按照教学计划开展教学活动。年级安排巡查人员，在各楼层和教学区域进行不定期巡查，监督走班教学情况，及时处理突发问题。

走班评价与反馈：定期对学生走班情况进行评价，通过问卷调查、学生座谈等方式，收集学生对走班教学的意见和建议。同时，教师也应对走班教学过程中的问题进行总结反思，如学生在不同教室之间切换时的时间把控等。

# 第五节　社团课程典型案例

学校社团课程自开展以来，已然成为校园文化中的一道风景线，在学生的成长历程中留下了深刻印记。这些课程凭借其灵活性与开放性，为学生搭建起通往个性化发展的桥梁。每一个社团课程都是一个独特的小世界，承载着学生们的热情与梦想。在社团课程的实践过程中，众多生动且富有成效的故事悄然上演。它们见证了学生们从懵懂好奇到熟练掌握技能，从羞涩内向到自信大方地展示自我。让我们聚焦创美科学社团的设计案例，更直观地感受社团课程的魅力与价值。

## 前　言

星星眨着眼，月儿画问号；彗星拖着长长的尾巴，彩虹来架桥。童真的心中总有数不尽的"为什么"和奇思妙想。

科学教育是提升全民科学素质、建设教育强国、实现高水平科技自立自强的重要基础，加强新时代中小学科学教育工作至关重要。

党的二十大将教育、科技、人才进行"三位一体"统筹安排。为推进科学教育发展，务求取得实效，创美科学社团以"PBL"项目式课程推进学习，让学生经历一个个完整项目的选题、设计、执行、评估的全过程，综合培养学生的科学素养。

本社团分为两个分团，共有学员49人，其中三年级28人、四年级15人、五年级6人，均属于中高段学生，对科学的基础知识有一定的了解，学习科学的兴趣浓厚，愿意参与其中并展示出较好的实践能力。结合学段特点，本课程每个项目侧重于让学生"像工程师和科学家那样"经历一次次丰富而完整的科学／工程活动过程，提升科学／工程素养，强化科学／工程思维，使他们获得运用知识解决问题的能力，同时养成系统地、创造性地解决问题的思维习惯。

【案例内容节选】

项目三 像工程师那样用纸造一座"桥"

第一课时

一、主题：船的历史

二、教学目标

（1）学生通过阅读资料，认知不同时期、不同类型的船具有的不同特点和发展趋势。

（2）学生通过了解船的发展历史，知道了造船技术的发展推动着人类社会的发展和文明进程。

三、学习过程

（一）船的发展史

1. 阅读资料卡，了解船的发展史

（1）独木舟：人们将巨大的树干用火烧或用石斧加工成中空的形状，用树干或竹竿作为动力来造船。

（2）摇橹木船：是用橹来推进的船，它是一种早期在江河中航行的船。摇橹船使用方便，是江河中的运输工具，在江南水乡曾经广泛应用。现在一些旅游景点，仍在使用摇橹船载运游客进行水上游览。

（3）帆船：最大的特点是能够借助大自然的风力进行远距离航行。

（4）蒸汽机船：美国人富尔顿首次在"克莱蒙脱"号船上用蒸汽机驱动船只，从此机械力开始代替自然力，船舶的发展进入新的阶段。

（5）柴油机船：20世纪，人类进入柴油机船时代，以柴油作为动力的邮轮问世后，发展迅速，逐渐取代了蒸汽机船。

（6）潜水艇：随着科技的飞速发展，还出现了可以潜入水底，以核能源作为动力的潜水艇。造船的技术和水平还在不断提升。

2. 谈谈你对船发展史的感受

（二）测试独木舟的载重性能、稳定性

提问：独木舟作为最古老的船只，它的稳定性和载重能力如何？

实操：设计实验验证独木舟的载重能力。

实验器材：独木舟模型、水槽、螺母。

实验记录：我们发现，我的船承载了（　　）个螺母，但独木舟具有（　　）缺点。

思考：怎样让独木舟保持稳定而不侧翻呢？

（三）探究船首形状与行进阻力的关系

思考：除了稳定和载重，为什么独木舟的船首形状大多是尖形？独木舟的船首做成什么形状可以使船在水中受到的阻力更小？

1. 实验步骤

（1）两端分别用方形和尖形两种形状来模拟船只。

（2）在一端用细线系上一个垫圈，拉动船只前进。

（3）通过比较船只在水中的行进速度来分析它所受到的阻力大小。

（4）思考：这个实验还有什么要注意的呢？

（5）播放实验微视频，概括实验注意点：①相同重物；②相同起点；③同时释放。

（6）实验小结：尖形船首更有利于减小船在水中受到的阻力。

2. 作业检测

（1）下列船只稳定性、载重性能最差的是（　　）。

A. 帆船　B. 独木舟　C. 蒸汽船　D. 摇橹船

（2）下列船首形状最有利于减小船在水中的阻力的是（　　）。

A. 尖形　B. 方形　C. 圆形　D. 心形

（3）船行驶的速度与（　　）有关。

A. 大小　B. 材质　C. 阻力　D. 风向


第二课时

一、主题：用沉与浮的材料造船

二、教学目标

（1）浮的材料可以制作船，改变材料的结构可以改变船的载重量和稳定性。

（2）探索用橡皮泥和铝箔造船，不断改进船的形状来承载一定重量。

三、学习过程

（一）复习回顾独木舟的特点

（1）回顾上节课的内容，讨论并梳理出独木舟的缺点：稳定性差、载重量少。

（2）独木舟确实有很多不足，如果让我们改进独木舟，你打算从哪些方面着手？

（二）用浮的材料造船

（1）提出任务：今天，我们用这些材料来制作一个竹筏。

（2）出示材料：竹片、木条和橡皮筋。

（3）出示竹筏图片，明确设计要求：画出设计图，并加一些简单的文字说明；牢固、不散架，并能稳定地浮在水面；根据设计图来制作竹筏。

（4）小组合作设计竹筏，汇报交流，说明设计理由和结构等。

（5）播放制作竹筏的指导视频，根据自己的设计方案进行制作。

（三）测试竹筏的载重量和稳定性

（1）大家按照设计图制作出了自己的竹筏，那么我们的竹筏载重量和稳定性如何？让我们一起来测试一下。

（2）思考：你觉得可以怎样进行测试？

（3）播放测试竹筏的指导视频，梳理注意事项：等竹筏稳定后再放垫圈；轻轻放，放均匀；注意不能让水浸湿垫圈；观察竹筏的稳定性。

（4）分组测试，教师巡视指导；结束后学生汇报测试结果。

（四）竹筏与独木舟的不同

（1）我们分别完成了竹筏和独木舟的制作，也分别测试了其载重量和稳定性，让我们来总结竹筏和独木舟的不同点。

（2）在师生充分交流的基础上，完成学生活动手册"比较独木舟和竹筏"记录表。

（3）学生汇报。

（五）用沉的材料造船

（1）了解橡皮泥和铝箔在水中的沉浮情况。

（2）能用橡皮泥和铝箔造一艘船吗？

（3）任务探究：铝箔船、橡皮泥船分别要造多大才能装载 20 个垫圈并浮在水面上？

（4）交流讨论：

①制作的橡皮泥小船和铝箔船能否装载 20 个垫圈，实际装载量是多少？

②你们小组用了什么办法让橡皮泥和铝箔漂浮在水面上？

③为了让船型橡皮泥和铝箔稳定地漂浮在水面上，你们小组都用了什么办法？

（5）认识船的稳定性：船在行驶中，稳定性十分重要，不然船就会侧翻，造成事故。所以，工程师都会想办法改进设计以增强船的稳定性。

四、作业检测

课外查找资料，认识并了解更多不同形状的钢铁轮船，思考它们是怎样增强船身稳定性的。


第三课时

一、主题：设计我们的小船

二、教学目标

（1）考虑船的大小、船的形状、船体材料、载重量、稳固性、动力系统等因素，按照设计的基本步骤来设计一艘小船。

（2）利用工具制作简单的小船模型，根据实际反馈结果进行改进并展示。

三、学习过程

（一）明确任务

（1）根据提供的材料，设计能承载 200 克重物、有自己的动力系统，并能把货物运输到目的地的船。

（2）尽可能节约成本，对造船材料参考价格表做好记录。

（二）制定方案

（1）为了更好地完成任务，我们要先做好设计，首先要考虑哪些因素呢？

（2）画出小船的主要结构，要求如下：

①要标注使用的材料和结构。

②在材料清单上标注使用的材料及数量，方便费用计算。

③采用网格纸来画设计图，对船的总体结构和大小容易把握。

（三）交流

（1）组内论证：设计图的合理性和可靠性；成本费用的计算，是否最佳选择。

（2）组间论证："画廊走"的交流方式。

每组派几名学生按固定的一个走向去观摩其他各组的设计，学习别人设计的优点，并给对方小组提出建议。同时，每组留一名方案解说员，向其他来本小组观摩的"设计师"介绍自己小组的设计思路及设计细节，并记录这些"设计师"给予的建议。

（3）组内讨论：大家的建议是否合理，是否要采纳。

（4）小组成员一起，完善修改，将设计图做成施工图。

四、作业检测

完善修改，绘制施工图。


第四课时

一、主题：制作、测试我们的小船

二、教学目标

（1）能按照设计方案制作小船。

（2）能根据测试过程中发现的问题，不断调整和优化小船的制作。

（3）能从多个角度评价小船的制作过程。

三、学习过程

（一）制作前准备

1.材料准备

泡沫板、木板、铝箔、泡沫胶、小电动机、小风扇、电池、导线、开关、喷气装置、纸张、木条、钩码、学习单等。

2.先分工，再制作

（1）制作时应按照设计图纸进行。建议每组安排一位材料员来取用材料，一位监督员来监督整个取材和制作过程。

（2）如果在制作过程中发现新的问题，需要改进设计，可以及时在设计图和经费预算上做出调整。

（二）制作

（1）先分装，再组装。将支架和小电动机分别组装完毕，再将支架和小电动机固定。

（2）小组合作，制作小船，并查验评价量表，明确评价内容。

（3）在设计、制作和测试中，对自己的工作进行评价（见下表）。

| 项目 | 一级（1分） | 二级（2分） | 三级（3分） | 自评 |
|---|---|---|---|---|
| 按照设计图制作 | 不按照设计图制作 | 部分按照设计图，随便调整 | 按照设计图制作，发现问题，稍微调整 | |
| 载重量 | 达到200克 | 达到250克 | 达到300克 | |
| 稳定性 | 不太稳定 | 比较稳定 | 很稳定，不会侧翻 | |
| 航行方向 | 无法控制 | 有点偏向 | 能控制方向 | |
| 成本控制 | 超出成本 | 控制在预期成本左右 | 控制在成本以内 | |
| 分工合作 | 没分工、自己做 | 有分工，有合作 | 分工明确，相互合作较好 | |
| 小组汇报展示 | 无相互帮助 | 能把小组情况汇报出来 | 相互帮助，一起汇报交流 | |

（三）测试并做好记录（见下表）

| " " 号的测试记录单　　第　　小组 | | | | | |
|---|---|---|---|---|---|
| | 载重量（克） | 行驶距离（米） | 是否到达终点 | 发现的问题 | 我们的思考 |
| 测试一 | | | | | |
| 测试二 | | | | | |
| 测试三 | | | | | |

# 第五章　跨学科课程强素能

## 第一节　跨学科主题学习的背景

21 世纪以来，全球教育面临从"知识传授"向"素养培育"的深刻转型。2014 年，教育部发布《关于全面深化课程改革落实立德树人根本任务的意见》，首次提出"核心素养"概念，标志着我国教育改革进入以学生发展为本的新阶段。此后，《普通高中课程方案和语文等学科课程标准（2017 年版）》和《义务教育课程方案和课程标准（2022 年版）》进一步明确了跨学科主题学习的核心地位，要求各学科至少用 10％的课时开展此类学习。这一系列政策的颁布和实施不仅呼应了国际教育趋势，更通过整合知识、强化实践，为培养创新型人才提供了系统化路径。

### 一、教育改革的需要

我国教育改革的核心目标是落实"立德树人"根本任务，而传统分科教学因知识割裂、脱离实际等问题，难以满足核心素养培育的需求。2014 年，教育部文件首次将核心素养定义为"适应终身发展和社会发展需要的必备品格与关键能力"，为课程改革提供了方向。《义务教育课程方案和课程标准（2022 年版）》则通过"跨学科主题学习"强化课程综合化，要求打破学科壁垒，以主题为纽带整合知识，推动学习方式从"孤立"向"联结"转变。这一转变的底层逻辑在于：核心素养具有整体性，需要通过跨学科整合才能实现。政策与实践的双重驱动，标志着我国教育从"学科立场"向"教育立场"的深刻转型。

## 二、国际教育趋势的影响

跨学科教育并非新生事物。20 世纪 20 年代，美国进步主义运动便提出"以学生为中心"的整体学习理念；20 世纪 70 年代，STEM 教育的兴起，强调科学、技术、工程与数学的整合，成为跨学科实践的典范。21 世纪以来，德国、芬兰等国通过项目式学习、主题探究等方式，将跨学科理念融入国家课程体系，致力于培养解决复杂问题的未来人才。国际组织亦将跨学科能力视为关键素养。经合组织（OECD）的研究成果"OECD 学习框架 2030"指出，未来教育应加强跨学科素养和综合能力的培养；联合国教科文组织则强调核心素养需要通过跨学科实践来实现。这些经验表明，跨学科教育既是应对社会复杂性的必然选择，也是教育现代化的共同趋势。

## 三、核心素养的培养需要

跨学科主题学习的核心目标在于培育学生的核心素养。其设计主要遵循三个原则。第一，素养导向。以真实问题为起点，整合多学科知识与方法。第二，学科立场。以本学科为主干。第三，实践创新。通过"做中学""创中学"等方式，将知识应用于实际场景中。跨学科学习并非否定分科教学，而是通过学科逻辑与学习逻辑的整合，弥补传统教学的不足。要落实跨学科学习，学校需要重构教研组织，组建跨学科教师团队，并加强师资培训，以应对学科整合的挑战。

跨学科主题学习是连接知识与社会、当下与未来的桥梁。它既是对国际教育趋势的回应，也是我国深化课程改革、落实核心素养培育的关键举措。通过政策引导、学科整合、实践创新三者的协同，跨学科教育能够打破传统教育桎梏，培养出具备综合素养、创新能力和全球视野的新时代人才。

# 第二节　跨学科主题学习的内涵与价值

在全球化与信息化背景下，教育面临培养复合型、创新型人才的新挑战。《义务教育课程方案和课程标准（2022 年版）》提出，要在学科类课程标准中设立跨学科主题学习活动，加强学科间的相互关联，带动课程综合化实施，强化实践性要求，并突破性要求"各门课程用不少于 10% 的课时设计跨学科主题学习"。跨学科主题学习正式进入新课标，与国家课程接轨，成为加强课程综合建设和课程协同育人的重要学习方式。

跨学科主题学习作为课程改革的重要创新，通过整合多学科知识与方法，打破传统学科壁垒，成为深化核心素养培育、推动育人方式变革的关键路径。

## 一、跨学科主题学习的内涵解析

1. "跨"的本质：学科整合而非拼凑

跨学科一词最早出现于科学研究领域。皮亚杰认为，学科间的相互作用分为三类：多学科、跨学科和超学科。多学科指的是在解决问题的过程中，从两门或两门以上的学科或知识领域中获取信息，但不涉及任何具体学科的相互作用。跨学科指的是各学科之间或同一学科内各分支之间密切合作，相互作用，产生了对各方面都有益处的深度交流。超学科指的是某一研究项目完全打破了学科界限，形成了一个超越固定学科界限的系统。

跨学科主题学习并非简单叠加多学科内容，而是以某一学科为主干，围绕核心主题或现实问题，有机融合其他学科的知识、方法及思维方式，形成综合性的学习框架。例如，研究"立体小菜园"可整合数学、美术、科学、劳动、语文等学科知识，引导学生理解复杂系统的内在关联。

跨学科主题学习具有学科性、主题性和实践性。

学科性：立足学科核心概念，确保跨学科活动不脱离学科根基。

主题性：以真实问题或生活场景为纽带，驱动多学科知识协同应用。

实践性：强调探究式、项目式学习，通过动手实践促进知识迁移。

2. "学"的定位：深度学习与素养导向

跨学科学习须超越浅层知识组合，指向高阶思维与核心素养发展。例如，设计节水环保装置需要综合物理原理、美术设计、工程思维，同时还需要具备一定的合作沟通与批判性思考能力。

因此，跨学科主题学习的核心特征是综合性、协作性和开放性。

综合性：知识、技能、价值观的深度融合。

协作性：师生、生生跨领域合作，构建学习共同体。

开放性：允许多元解决方案，激发创新潜能。

3. 边界与原则：跨学科与学科学习的辩证关系

跨学科主题学习要以学科教学为基础，避免"为跨而跨"的形式化倾向。跨学科主题学习中，学科学习仍占主导地位，跨学科活动应科学选择内容与时机，以补充而非替代学科教学，既要"跨出去"和其他学科融合，又要"跨回来"落实主学科课程标准要求，提升学科素养，形成解决问题的能力。例如，小学英语课程可融入科学实验、历史故事或中华优秀传统文化，但要确保语言能力目标不被弱化。

## 二、跨学科主题学习的价值

1. 顺应学科发展的内在规律

纵观我国学科教学发展史，在前秦时代就有了分科教学，到了汉代又逐渐由分科教学走向综合，到了民国时期，则形成了学科门类比较健全的分科教学体系。在当前知识爆炸与万物互联的背景下，学科间的交叉融合已成必然趋势。跨学科学习通过"对立统一"的整合逻辑，回应了复杂性科学、信息技术等新兴领域对综合思维的需求，推动着学科知识体系的动态更新。

2. 助力学生核心素养的培育

跨学科主题学习通过整合多种学科的知识和方法，旨在培养学生的综合素质。它强调知识的整合、问题解决和价值关切，帮助学生发展综合运用知识技能解决现实问题的能力，从而提高学生的综合素质。主要体现在：

（1）知识整合能力。通过主题式任务（如"寻水之源"主题探究，见本章第四节内容），帮助学生构建系统性知识网络，打破碎片化认知局限。

（2）问题解决能力。在真实情境中（如"丝蚕袅袅"主题探究，见本章第四节内容），学生综合运用多学科工具应对复杂挑战，培养创新与实践能力。

（3）社会情感素养。学生通过协作探究过程强化沟通、责任感与团队意识，塑造"共同生活"的公民素质。

3. 推动教育生态的革新

跨学科主题学习是加强课程综合和课程协同育人的重要手段。通过跨学科主题学习，能够更好地统筹设计综合课程，强化课程协同育人功能。

（1）课程结构优化。通过跨学科主题大概念引领，加强学科间的内在关联，构建综合化课程体系。

（2）教学方式转型。教师从知识传授者转变为学习设计者，促进教学方法多元化。

（3）评价体系升级。强调表现性评价（如作品、方案设计等），关注过程性能力而非单一学科成绩，破除"唯分数"论，逐渐实现由"育分"到"育人"的转变。

4. 回应社会发展的时代需求

跨学科主题学习与欧盟委员会提出的"关键能力"概念及我国"三有"时代新人培养目标高度契合。例如，面对粮食危机等全球议题，学校五年级学生通过整合科学、道德与法治、劳动等学科知识，创建"立体小菜园"，形成了自己的解决方案。

跨学科主题学习作为教育变革的"破壁者"，既是学科教学发展的内在诉求，也是素养时代育人方式转型的必由之路。其价值不仅在于知识整合与能力的提升，更在于培养面对不确定未来的"完整的人"——兼具学科深度与跨界视野，既保证分科课程的系统性、深刻性，又自觉融合多学科知识技能和思想方法，能够以创新思维应对复杂挑战。这种融合不仅培养了学生适应未来的能力，更通过价值观的内化，帮助学生建立起对生命、社会和文化的深刻认知与责任感，是培养学生核心素养、实现整体育人的重要途径。

未来，随着科技与教育的深度融合，跨学科学习将在更多场景中释放潜力，让跨学科学习从理念变为每个课堂的生动实践，为教育的高质量发展注入持久动力。

# 第三节　跨学科课程的设计与实施

伴随着新课标的颁布与实施，跨学科学习成为教育领域的一大亮点，同时也是一大难点。基于学科立场，打破学科界限；基于学生立场，回归真实生活；基于教育立场，提升育人功能！光华实小通过"塑、组、建、行"四字要诀，整校推进跨学科主题学习，丰富学生跨学科学习经历，提高综合解决问题的能力和素养，培养面向未来的核心素养。

## 一、塑——跨学科课程文化

学校从课程文化高度出发，营造跨学科学习的温馨氛围，促进学生核心素养的提升。

1.营造丰富、开放、和谐的跨学科环境文化

学校鼓励教师、学生基于主题、活动、项目来解决学校环境问题。学校基于"麦芒文化"理念整体设计，先后分区联动打造了颗颗饱满展示区、麦浪涌动运动区、麦创科技艺术区、麦粒充实启智区四大校园文化区域，将校园环境打造融入跨学科课程，促进学生生活和未来发展。

2.营造互惠、合作、共赢的跨学科教师文化

对于课程的设计与实施，教师群体是一种蕴含活力与智慧的宝贵资源。用好教师资源，不仅能够充分发挥教师的主动性和创造性，提升教师个人素养和能力，而且能为学校跨学科课程提供更多思考角度和创意解读，为实现学生的五育融合、全面发展助力。为了营造这种互惠、合作、共赢的跨学科教师文化，我校从以下六个方面入手。

（1）建立合作机制：设立跨学科科研小组及项目组，让不同学科的教师共同参与课题研究、教学设计或课程开发，共同探讨解决教学问题的方法和策略。

（2）聚集共享资源：建立共享资源平台或线上社区，让教师们可以分

享教学设计、教学资源、课程大纲等，促进资源共享和互惠互利。

（3）提供培训课程：提供跨学科教师专业发展的机会，比如举办跨学科教学法培训、邀请专家举办讲座等，提升教师的跨学科教学能力和意识。

（4）促进定期交流：定期组织教师跨学科研讨会、工作坊及培训活动，让教师们有机会分享彼此的教学经验、研究成果和教学资源，促进跨学科交流和合作。

（5）固定沟通机制：建立并固定跨学科教师沟通会议，让教师们可以就教学中遇到的问题和挑战进行交流讨论，共同寻找解决方案。

（6）设立奖励机制：学校设置跨学科课程三优三奖制度，激励教师参与跨学科合作，成立年级教师跨学科合作团队，实现不同学科知识和技能的共享。另外，期末对最佳跨学科教学案例、最具创新的跨学科研究成果等进行公开表彰，鼓励教师积极投入跨学科活动。

通过以上方式，逐步建立起互惠、合作、共赢的跨学科教师文化，促进了教师之间的合作与交流，提升了跨学科课程的教学质量和教学效果。

3.营造合作、多元、创新的跨学科学生文化

为激发学生跨学科学习的兴趣，学校每学期都会分别举行"跨学科学习月"和以"聚学科之长，育全能之才"为主题的跨学科课程启动仪式。仪式上，由各年级跨学科课程负责人向同学们介绍本年级的主要课程内容，激发同学们对跨学科课程的学习兴趣。

在学期的中后期，学校还会组织跨学科课程学习成果汇报和展示活动。一是借助线上平台（如学校微信公众号）或组织线下活动（如展览活动、研讨会等），供教师和学生展示他们的跨学科课程设计、研究成果或项目成果。二是定期组织跨学科课程的汇报展示活动，邀请学校内外的教育专家、学生家长和其他教师参与。在展示活动中，学生不仅可以展示自己的学习成果，还可以促进学生之间的交流分享，激发创新思维。三是举办评选活动。结合跨学科课程目标设立奖项和评选机制，表彰最佳的跨学科课程设计、研究项目或合作成果，用隆重的仪式感，激励学生更加积极地参与跨学科学习。

## 二、组——跨学科课程团队

高素质的教师队伍是开发和实施跨学科课程的关键力量。为此，学校通过三项策略组建跨学科课程团队。

### 1. 专项学习组基础团队

我们序列夯实教师跨学科知识技能基础，积极开展专题学习与研讨、上报项目主题、安排暑假研修新课标及相关书籍学习，坚持"做中学，学中思，思中做"，落实跨学科课程教学和反思。通过教师自主学习专业书籍和邀请校外专家对跨学科课程教学进行指导，形成"内驱外引"的校本培训模式，建立起全员参与的基础团队。

### 2. 专业研讨组种子团队

组建种子团队有助于确立团队的核心力量、明确团队文化和工作方式、验证项目可行性、吸引更多成员参与以及提高项目成功率。种子团队的建立是项目启动阶段的重要步骤，为团队后续的发展奠定基础并提供指导。因此学校在麦峰会、麦香学院等研究组织的基础上，按照行政立项、自主申报、年级组推选、双向遴选原则，组建起跨学科课程 CEO 团队。CEO 团队通过资源共享开展专业研讨、碰撞想法，形成跨学科课程深入推进的种子团队。种子团队又通过初步成果和潜力的展示，吸引更多成员参与。这一模式有助于扩大跨学科课程设计与实施的团队规模，并在团队发展过程中引入更多的专业技能和课程设计视角，真正落实跨学科精神。

### 3. 专题研讨组草根团队

各年级跨学科课程 CEO 团队通过组建自己的教研草根团队，带领志趣相投的伙伴围绕本年级跨学科主题进行研讨、实践，将想法变成做法，构建共生、共享、共创的良好课程生态。

（1）明确目标愿景。在组建团队之初，明确团队的使命和愿景对于团队成员的共同努力至关重要。

（2）设立团队结构。设立团队及不同领域的负责人，明确每个成员的职责和任务，建立团队的组织结构和工作机制。

（3）制订工作计划。制订详细的工作计划和时间表，包括教研主题的确定、研究方法的选择、研讨会的组织等，确保团队的工作有序进行。

（4）定期开展教研。组织定期的跨学科学习教研活动，如教研讨论会、研讨会、课题研究等，让团队成员共同探讨跨学科教育的问题和挑战。

（5）营造合作文化。营造团队合作的文化氛围，鼓励成员之间相互支持、分享资源和经验，共同促进团队的发展和成长。

（6）落实成果分享。鼓励团队成员分享教研成果和经验，可以通过内部分享会、学术研讨会或者学校教学展示等形式，让更多人受益。

（7）持续总结反思。鼓励团队成员持续总结和反思教育实践，不断提高自身的教育水平和专业能力，从而推动团队的发展。

光华实小的跨学科草根团队的组建与研究流程，如图 5-1 所示。

**图 5-1　光华实小跨学科团队组建与研究流程图**

通过以上方式，建立一个积极、合作、高效的跨学科教研草根团队，促进教师的专业成长和教育教学水平的提升。

## 三、建——跨学科课程体系

课程实施是否成序列、见成效，关键在于课程的体系构建。我们在充分研究学习、研讨碰撞的基础上构建起光华实小特有的以家国情怀为切入点、贯穿六个年级、涵盖 12 个主题（每年可调整）的跨学科课程体系（见图 5-2），让学生的情感体验、知识技能在螺旋中上升，最终提升核心素养。

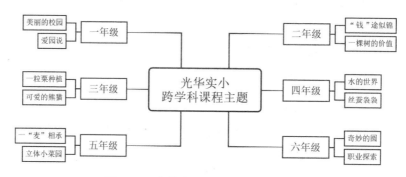

**图 5-2　光华实小跨学科课程主题图**

1. 六年大主题体现家国情怀

通过对校园环境、校园植物、四川熊猫、蚕丛鱼凫、小麦种植、职业体验系列主题活动的研究，学生从关心自己的校园生活出发，逐步扩展到对自然、文化、经济和社会的全面认识，最终形成对家国的深厚情感和责任感。这些跨学科主题活动不仅能够提供知识的学习，更能够培养学生的综合素质，引导他们逐步成为具有家国情怀的社会主义建设者。

（1）校园环境主题：通过参与校园绿化、垃圾分类和环保活动，学生能够直观地感受到自己对校园环境的影响，培养责任感和归属感。对校园小环境的关爱是培养学生家国情怀的起点。

（2）校园植物主题：在校园内种植和照料植物，学生可以学习植物学知识、了解生态系统的基本概念，以及植物对维持生态平衡的重要性，是从小处着眼，培养学生对大自然和生命的敬畏。

（3）四川熊猫主题：作为中国的国宝，对四川熊猫的保护不仅关乎生物多样性，也是对国家形象的维护。通过对有关四川熊猫的知识的学习，学生可以了解保护濒危物种的重要性，以及国家在野生动物保护方面的努力和成就。

（4）蚕丛鱼凫主题：这一主题结合了中国古老的养蚕技术和鱼凫文化，可以引导学生了解中国传统农业的智慧和历史。通过实践养蚕等活动，学生可以体验到传统农业技术的魅力，从而对农业文化产生敬意，增强民族文化自豪感。

（5）小麦种植主题：通过参与小麦种植，学生不仅能够学习农作物的生长周期和农业生产的基本知识，还能够理解粮食安全对国家的重要性。这种实践活动有助于学生认识到每一颗粮食的来之不易，从而养成节约粮食、珍惜资源的习惯。

（6）职业体验主题：通过模拟或实地考察不同的职业，学生可以了解各种职业对社会的贡献，以及个人职业生涯规划对社会发展的重要作用。这种体验有助于学生认识到个人发展与国家进步之间的联系，激发他们为国家的未来贡献力量的热情。

2. 十二序列落实素养进阶

为了确保学生能够全面而深入地探索六大跨学科核心主题，学校将每个宽泛的大主题解构为两个子主题，以便学生能够在一个学年内深化特定领域的学习和理解。这种长时间深入的探索有助于学生建立知识之间的联系，更好地理解概念，并将学到的知识应用到实际情境中。同时，学生的独立研究能力、团队合作能力以及表达能力都能得到充分锻炼。

（1）一年级：从认识到述说校园，经历寻光华之美—探光华之光—展光华之韵的学习过程。

（2）二年级：从一群朋友到一个朋友，经历发现与认识树的生命特点—探索与研究树的生态经济价值—欣赏与感悟树的人文价值—展示与宣传热爱环境的过程。

（3）三年级：从光华实小的一粒粟种植到国宝熊猫，动手、动脑，观察、探索，了解数据熊猫—国宝熊猫—创意熊猫—展示熊猫—宣传熊猫。

（4）四年级：在学校栽桑养蚕，从传承古蜀文明到关注世界环境，通过小组合作探索，完成追蚕溯源—识蚕悟道—育蚕之术—蚕意无限—破茧成蝶五大板块任务。

（5）五年级：从学校的麦文化、麦种植、麦艺术到关注世界的粮食危机，构思自己解决危机的创意方案。

（6）六年级：从数学中心的圆认识，到链接学校生活的圆图案，从生活中的圆建筑到国学经典的"圆"思想，尝试进行职业了解—职业剖析—职业体验—职业畅想。

## 四、行——跨学科课程实践

知行统一，才能实现学校跨学科课程的落地生根。我们坚持整体设计—统筹推进—及时总结的方式双向突破。

1.整体设计，规划推进路线

年级跨学科课程团队的CEO们召集草根团队人员，对本年级跨学科课程进行推进规划，制定思维导图式推进路线图。

2.三级统筹，落实全员推进

首先，CEO统领策划团队组织研讨本年级跨学科课程的设计与实施，详细把握课程推进的时间、内容、实施效果等。其次，策划团队根据学科特点细化课时教案设计，培训本学科教师。最后，学科教师优化修改教案和课件，组建学生小组，指导学生开展学习。

3. 三课统筹，落实分级推进

首先，主学科老师开展通识课教学，建小组，运用头脑风暴激发学生兴趣。其次，学科老师专业课教学，满足学生学科需求，推进跨学科活动开展。再次，小组课上课下自主探究学习，利用延时服务、周末、课间等时间，小组制定计划，开展探究活动。最后，组织开展成果汇报课，小组进行跨学科学习成果汇报，相互学习，共同提升。

4. 阶段分享，进行反思提炼

首先，开展推进中分享，进行经验交流。其次，举行学期末展示，进行反思总结提炼，形成学校跨学科课程推进基础经验。

# 第四节 跨学科课程的典型案例

在知识边界日益模糊的当代社会，跨学科教育如同彩虹桥般连接着不同领域的智慧，正成为培养未来创新型人才的核心路径。本节精选了四个学校实施的创新课程案例，有数学逻辑构建的"钱"途似锦的课程解码未来科技，有科学探究养蚕活动的生命奇迹，有水资源课题里环境科学与人文关怀的深度对话，有在职业体验中见证知识迁移的真实力量。每个案例都是打开新世界的钥匙，让学生在学科交融处发现真问题，在实践碰撞中长真知，培养应对复杂世界的综合素养。跨界的思维火花，正在这里迸发。

**案例 1**

二年级跨学科课程——"钱"途似锦

一、课程背景

人民币是我们的法定货币，认识人民币、正确使用人民币也是每个中国公民的必备技能。二年级上期的跨学科课程就是从数学教材第二单元——《购物》出发，在认识人民币、计算人民币的基础上，扩大其维度，通过多学科的介入，使孩子们在课程中感受货币的作用、文化，形成初步的金融素养。

二、课程结构

本学期跨学科课程结构像一条鱼骨，每一节骨节就是每一阶段学科的设置，而数学作为本次课程的中轴骨骼，贯穿了全程，也串联了其他学科（语文、科学、音乐、美术、英语、体育）。

本学期跨学科课程，如图 5-3 所示，主要分为："钱"世今生—"钱"思后想—勇往直"钱"三个阶段。第一阶段是让学生初步认识人民币，延伸至认识各国的货币，拓宽视野。第二阶段则是在初步认识人民币的基础上，会计算人民币，并深入了解人民币的制作以及防伪技术。第三阶段则是通过开展跳蚤市场的活动，多学科有机融合，让学生在实践中真实运用知识，感受知识与现实世界的联系。

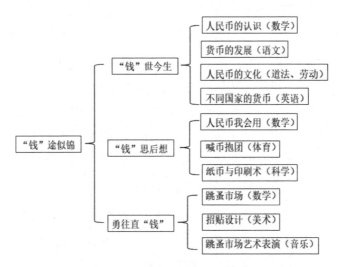

图 5-3 "钱"途似锦课程结构图

三、课程实施

（一）"钱"世今生

在数学课上，数学老师精心备课，让孩子们认识不同面值的人民币，并能进行简单的换算。语文课上，语文老师带领孩子们了解货币的发展历史，从远古的贝壳，到如今的电子货币，并介绍人民币上的文化，让孩子们养成不损坏人民币的意识。英语学科从国际视角出发，不仅让孩子们在认识人民币的基础上认识我国的港币、澳门币和台币，还让孩子们认识其他国家的货币，感受不同的文化，深化国际理解。

丰富多彩的课程，让孩子们收获颇丰，便有了如下这些丰硕的成果。数学课后，学生制作了引人入胜的商品宣传单，将自己想在跳蚤市场中贩卖的物品进行简单的估价，对怎么付钱、怎么找钱进行预设，也反映了学生对不同面值人民币换算和计算的掌握情况。语文课后的成果更有意思，孩子们制作的货币书签有些是古代刀币、铜钱等形状，有些设计了自己喜欢的图案装饰。除此之外，还让孩子们搜集与钱有关的成语故事，在班级进行分享交流，培养了孩子们节约用钱的良好品质。英语课后，孩子们制作的货币手抄报和全英文的介绍视频，无不展示着孩子们的世界观。

（二）"钱"思后想

这一阶段的数学，就是让孩子们在创设的情景中使用人民币，学生通过数学课本上淘气笑笑去购物的情景展开学习。在现实生活中，各班利用班级谷粒仓的兑换，为班级设计专用货币，学生以平时的表现兑换班级专用货币，再进行商品的购买，锻炼了孩子们对人民币的计算能力。

有了初步的计算能力，体育借助课前热身活动，通过游戏"喊币抱团"，提升学生的思维敏捷性，巩固数学计算能力。以后孩子们也可以幽默地开玩笑：我的数学是体育老师教的了！

科学课上，科学组的老师们群策群力，为孩子们制作了一个世界纸币鉴赏的大型展板，在前一阶段英语课的基础上，更加系统地认识不同国家的货币。除此之外，科学组的老师还带领孩子们认识不同的印刷技术，让孩子们通过活字印刷体验和人民币防伪实践等活动，认识到纸币不单单是一张纸，这张纸上还承载着各种文化，也蕴含着许多知识。

（三）勇往直"钱"

第三阶段的主题活动——跳蚤市场，学生将自己闲置的物品进行出售贩卖，并用售卖所得的钱做有意义的暖心活动，这个过程可以培养学生勤俭节约的意识，形成初步的金融素养。

活动前，为了让自己的小店有竞争力、有吸引力，孩子们认真学习如何设计美观亮眼的招牌，并在设计上花尽心思。

另外，为了使售卖的形式更加丰富多样，年级上还开展了歌艺比拼，选拔出的"小黄鹂"们在跳蚤市场高歌吟唱，赚取货币。

老师们鼓励大家通过小组合作扩大销售，同时建议各小组先定好商品价格，算好自己的成本，争取获得最大收益。

最后，二年级的小麦粒们，为了商品大卖，还纷纷为全校的老师、工作人员们送上邀请函，诚挚地邀请校园里的每一个人走进市场来瞧一瞧看一看。

活动结束后，为了有始有终，孩子们进行了收入支出的整理，分享了在活动中的一些经验与不足。老师们评选出最佳宣传小组、最佳理财小组、最佳合作小组，并颁发奖状。

对于赚到钱的小朋友，我们通过德育教育，提示孩子们可以将钱用来孝敬爸爸妈妈，为他们做一些暖心活动，不拘形式地表达对父母的爱与感恩。

二年级本学期的跨学科课程在跳蚤市场的落幕中完美收官。未来的跨学科课程，二年级组也会努力做到跨而有联、跨而有融、跨而有创。

**案例 2**

### 四年级跨学科课程——丝蚕袅袅

**一、课程背景**

跨学科课程不仅可以让学生充分感受多学科知识的力量，体验人与自然、社会的各种联系，而且可以培养学生融会贯通知识的能力、跨学科思维习惯和整体思维能力，激发其创造潜能。

基于跨学科课程的开发理念，结合我校麦芒文化特色，通过梳理各学科相同的内容点，四年级最终设计并开展了以养蚕活动为主题，名为"丝蚕袅袅"的跨学科课程。

**二、课程内容**

基于课程背景和跨学科基本理念，四年级跨学科课程以通识课、语文、数学、信息技术、科学、道德与法治、英语、美术、体育等学科为载体，以"蚕"为学习主题，以追蚕溯源、识蚕悟道、育蚕之术、蚕意无限和破茧成蝶为主要内容，构建了"丝蚕袅袅"跨学科课程体系。

**三、课程准备**

**（一）确定课程学习主题**

基于养蚕内容，四年级组经过研讨确定了"丝蚕袅袅"这一跨学科课程主题。通过认识蚕、养蚕、创作蚕茧作品和认识丝绸及其作用，丰富学生对蚕及与蚕相关的传统文化的认识。

**（二）教师召开研讨会议**

四年级全体教师积极筹备，多次组织召开研讨会议，大家运用头脑风暴集思广益，最终确定了课程规划和实施办法。

**四、课程设计**

围绕学习主题，并根据各学科教材和学情情况，四年级的老师们确定了课程主题及子课程名称、学习目标和预期成果，如图5-4所示。

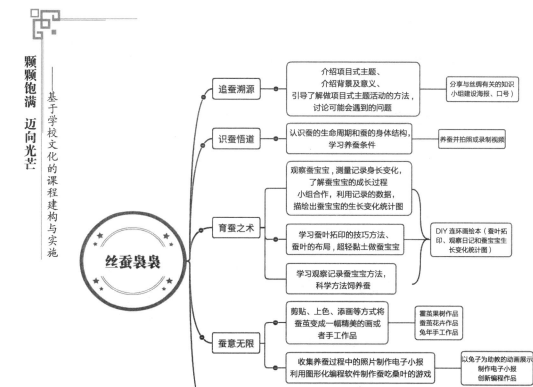

图 5-4 "丝蚕袅袅"课程结构图

五、课程实施

（一）追蚕溯源

在四月春暖花开的季节,老师们精心准备后带着孩子们,走进"丝蚕袅袅"跨学科课程。首先,由老师在通识课上向孩子们介绍本次活动的背景及意义、认识蚕文化、了解丝绸和丝绸之路。孩子们通过该过程了解蚕文化和丝绸之路,了解"一带一路"倡议在现阶段对中国发展的作用。通过"追蚕溯源",孩子们不仅认识了蚕和丝绸文化,更对中华民族的传统文化有了更深刻的认识。

其次,在信息科技课上,老师带领孩子们通过学习搜集资料方法,搜集蚕的相关知识资料,为制作电子小报做准备。孩子们在收集资料的过程中对蚕的各方面知识有了更加深入的了解,并学会了如何利用网络资源解决实际需求。

（二）识蚕悟道

了解蚕文化和丝绸的相关知识，进入认识蚕的生命阶段。科学课上，老师介绍了养蚕的条件，带领孩子们认识蚕的生命周期和蚕的身体结构。道德与法治课上，要求孩子们通过理解蚕的生长过程，分享蚕带来的生命体悟，感受蚕破茧成蝶的顽强生命力。英语课上，要求孩子们用英语介绍蚕一生的不同阶段所对应的单词。通过"识蚕悟道"，孩子们学会了从不同角度认识、观察同一种事物。

（三）育蚕之术

经过追蚕溯源和识蚕悟道两个环节的课程学习，孩子们对养蚕充满了好奇和期待，现在终于迎来了养蚕环节。孩子们用科学的方法饲养蚕、测量蚕，并以观察日记的形式进行记录和统计，感受蚕的生长过程。看着自己的蚕宝宝一天天长大，孩子们对蚕有了一份别样的情感，也慢慢明白了一切生命的成长都是不易的。

（四）蚕意无限

经历 40 多天的生长期，蚕宝宝陆续结茧成蛹。这时，孩子们在美术老师的带领下，小组合作完成了富有创意的蚕茧作品。孩子们在此过程中都十分投入，大家集思广益、齐心协力完成了一幅幅颇具创意和生命力的作品。看着自己的作品，孩子们都开心极了！

（五）破茧成蝶

蚕的一生经历了四个主要阶段，分别是卵期、幼虫期、蛹期和成虫期。蚕变成蛹后通常在茧里待 14~18 天，最终破茧成蝶，完成生命的蜕变。孩子们全程目睹了蚕的一生，看着它们从小小的卵成长为姿态翩跹的蝶，在此过程中，孩子们感受到了生命的惊喜、成长的不易、蜕变的华丽。相信这会让他们对生命有更深刻的认识，从而激励自己在成长的路上更加坚定地迈步。

六、课程成果

在"丝蚕袅袅"这一跨学科课程中，孩子们不仅养了蚕，亲历了蚕的一生，也在这次养蚕活动中收获了许多知识，更感受到了成长的不易和生命的精彩。

案例3

四年级跨学科课程——寻水之源

一、课程背景

本课程立足于联合国可持续发展目标——"到2030年时,人人都能公平获得安全和可负担的饮用水"。据联合国相关机构统计,到2025年,全球将有18亿人生活在水资源稀缺的地区,其中欠发达国家的贫困人口面临的风险最大。当前水资源形势严峻,保护、合理利用水资源及防治水污染等工作是环境保护的关键环节。本次跨学科课程将引领四年级同学从自己力所能及的事情做起,去实践水资源的可持续发展目标。通过此次课程培养"中国心,世界眼,国际胜任力"的新时代少年!

二、课程目标

(1)结合缺水的真实情境,能够用科学的眼光发现问题、提出问题,并利用掌握的知识分析问题,从而进一步了解我国水资源分布不均的现状。

(2)通过调查与探究,了解生活中人们的用水习惯,通过参与数据收集、测量、计算、分析、整理的全过程,初步形成应用意识,提高实践能力。

(3)综合运用各学科知识、技能与方法,通过小组合作探究和相互交流参与解决问题。通过回顾和反思,获得解决问题的经验,培养创新意识。在解决问题的过程中加深对水资源保护等社会问题的关注与理解。

三、课程框架(见图5-5)

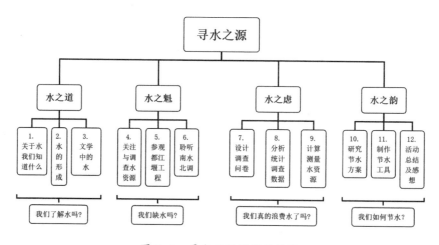

图5-5 寻水之源课程结构图

四、实施计划与安排（见表5-1）

表5-1　寻水之源课程实施计划与安排表

| 驱动问题 | 子任务 | 任课教师 | 内容 | 授课时间 | 预计成果 |
|---|---|---|---|---|---|
| 我们了解水吗 | 1.关于水，我们知道什么 | 科学 | | | |
| | 2.水的形成 | 科学 | | | |
| | 3.文学中的水 | 语文 | | | |
| 我们缺水吗 | 4.关注与调查水资源 | 信息技术 | | | 调查资料收集 |
| | 5.参观都江堰水利工程 | 科学 | | | |
| | 6.聆听南水北调 | 语文 | | | 活动感想 |
| 我们真的浪费水了吗 | 7.设计调查问卷 | 科学 | | | 调查问卷 |
| | 8.分析、统计调查数据 | 数学 | | | 水龙头实验、观察日记 |
| | 9.计算测量水资源 | 数学 | | 授课时间统一安排 | |
| 我们如何节水 | 10.研究节水方案 | 科学、美术、信息技术 | | | 节水方案、宣传海报、电子海报 |
| | 11.制作节水工具 | 科学 | | | 水循环装置、净水器、水生态瓶、节水工具发明创造 |
| | 12.活动总结及感想 | 语文 | | | 成果展 |

五、课程成果

在本次跨学科课程实践活动中，孩子们依据自身专长自由组队，精力满满地投身于感兴趣的项目，生成了多种成果。

（一）生态瓶

在水生态探究小组，孩子们精心制作生态瓶，以直观生动的方式展现水对维持生态平衡的关键作用。

（二）水循环模拟器

孩子们制作的水循环模拟器吸引了众多目光，通过模拟自然水循环，让大家深入理解水在生态系统中的循环路径。

（三）节水科创作品

科创小组的孩子们则展现出非凡的创造力，他们针对浪费用水的问题，设计出一系列极具巧思的科创作品。从智能感应节水龙头到精准调控的节水灌溉装置，这些作品从用水源头着手，致力于改善浪费用水的现象。

（四）有声节水海报

宣传小组的孩子们别出心裁，制作了有声节水海报。海报上不仅有精美的画面，更融入生动的语音讲解，以创新的形式向大家传递节水知识，呼吁大家增强节水意识，共同守护珍贵的水资源。

**案例4**

六年级跨学科课程——遇见未来的自己

**一、课程缘起**

每个孩子都有一个梦想，每个梦想都应该被呵护。六年级的孩子即将毕业，他们憧憬着未来的生活，向往着成人的世界，跟随"职业探索"课程，从孩子的视角去看待成人的世界。各种职业的探索课程，吸引了孩子们的注意力。

**二、课程设计**

（一）课程筹备

每个学生心中都有一个梦想，有的希望成为科学家，有的希望成为工程师，有的希望成为设计师……他们对未来充满热情，同时又有许多奇妙的想法，而且很多梦想都具有很现实的意义。秉承为每一个孩子的终身发展着想的理念，基于学生学情，六年级老师共同探讨，最后确定此次课程的主题为：遇见未来的自己！

（二）课程设计

结合各学科教材和学生实际，设计跨学科整合方案，讨论课程安排，协同合作，编写课时设计表。大家群策群力，尽可能为学生提供形式多样的学习内容。

**三、课程实施**

（一）职业了解

你了解的职业有哪些？最近五年来最受欢迎的职业是什么？这些职业的特点是什么，是怎么工作的？常见职业的英文你会拼、会写吗？这一系列问题在学生脑海里画上了大大的问号，好奇心驱使他们在信息技术上积极地探索与解决问题。他们在课堂上采用不同的形式查阅资料，了解不同的职业及其劳动特点；搜集不同职业名称的英文单词并进行分类，制作思维导图；搜索近五年来最受人们欢迎的职业名称，并试着分析这样的变化趋势……在信息科技课堂中，学生们全方位地了解了各种职业的信息。

由于数学对应无数的职业选择，孩子们开始争论不休，每个孩子都有自己喜欢的职业，在数学课堂上，孩子们立马进行现场统计，了解每位同学最想从事的职业。通过数据汇集得到大量信息，学生在老师的带领下，根据搜集到的信息绘制统计图，并进行数据分析和交流。

英语课以"Jobs"为主题，结合真实情境，鼓励学生用英文正确表述更多的职业词汇，用英文正确表述个人职业方向。

音乐课上，学习了《职业歌》和《我们都是追梦人》两首歌曲，通过赏析歌曲，了解各种职业及其劳动特点。

体育课上，开展了以"搬运我最'6'"为主题的趣味职业体验，通过积分赛调动学生的积极性，通过障碍跑增强学生的身体协调性与肌肉耐力，并在劳动中培养学生的劳动意识和吃苦耐劳的优良品质。

（二）职业剖析

你最想做的是什么工作，你的优势、劣势是什么，你更适合的工作是什么？心理杨老师利用问卷星做调查，结合数据为孩子们做了全面的分析，帮助孩子们更好地了解自己的性格特点及特长，帮助孩子们迈出了建立职业规划的第一步。

（三）职业体验

读万卷书，行万里路。孩子们利用五一假期，迈出校园，走进公司、工厂、企业等场所，进行实地观摩，直接参与、切身体验不同的职业。包括工农业生产、农作物加工、经贸服务、餐饮经营、公共事务、办公服务等。在此过程中，学生们认真聆听工作人员讲解，仔细观察工作环境和工作过程，切实地体验、感知不同职业的特点和工作内容，记录参与职业体验的感想。孩子们品尝着职业的酸甜苦辣，感受人生百味。

（四）职业畅想

亲爱的孩子们，未来的某一天，你们会穿着不同的职业服装，走上不同的工作岗位。你可能会是一名厨师，在餐厅里忙碌；你可能会是一名交通警察，在马路上执勤；你可能会是一名企业家，经营一家自己的公司；你可能会是一名战士，在边疆保家卫国；你可能会是……

　　你认为未来的自己是怎样的呢？孩子们在美术课堂上畅想着未来，用画笔描绘未来的自己。

　　纸上得来终觉浅，绝知此事要躬行。通过不断优化课程设计，强化跨学科思维，帮助学生增强职业认识、丰富职业体验、激发职业探索欲、实现职业启蒙。"职业体验"跨学科课程仅仅是学生的职业启蒙之旅，通过此次课程了解、体验各类职业，激发了学生们的学习热情，有助于他们进一步培养职业意识、树立职业志向。课程体现了我校"颗颗饱满，迈向光芒"这一育人理念，在学生心中播下职业的"种子"，这颗种子在未来、在希望的沃土滋养下，定会闪闪发光！

# 第六章 "穗阅读"师生课程

穗·阅读——读书好，让"阅读"成为一种态度；

穗·月读——读书多，让"月读"成为一种习惯；

穗·悦读——读书乐，让"悦读"成为一种快乐。

## 第一节 "穗阅读"的内涵与功能

在教育多元化的时代背景下，阅读的价值亟待重塑。光华实小创建"全息穗阅读"模式，主要探讨其在"生命教育·至美主张·麦芒文化"理念下的育人价值与实践路径。通过全领域覆盖、全时空运用、全人员参与，全息穗阅读旨在打破学科壁垒，融合课内外资源，构建全方位阅读生态，促进学生语言素养提升与人格完善。"全息穗阅读"模式不仅丰富了教育理论内涵，更为校园文化育人提供了实践参考，具有重要的学术与现实意义。

### 一、"穗阅读"的内涵

麦穗的本义是指麦茎顶端的花或果实部分。小麦的成长过程包括出苗、生根、拔节、吐穗、开花、结实，正如学生逐渐成长成熟的过程。而阅读能透过文字给予学生精神的滋养和知识的积累，让学生成为像麦穗一样散发着光芒、富有内涵的人。"穗阅读"的内涵包括向上、厚实和谦逊三个方面。

（1）向上。当小麦还是青青小禾的时候，它扎根于土壤，汲取阳光雨露，展现出蓬勃的生机和向上的生命力。学生们在阅读时，也是在汲取成长力量，他们从书中收获知识，不断提升自己的素养，这就是一种向上的生命态度。

（2）厚实。从青禾到长出沉甸甸的麦穗，小麦根植大地，不断从外界汲取成长的养分，使自己茁壮健康地成长，直至结出饱满的果实，这都是厚实自己的过程。书籍是人类精神的食粮，科学有效的阅读能促进学生思考、帮助学生辨别、拓展学生的认知，这也是一种厚实自己的过程。

（3）谦逊。法国人文主义学家、哲学家蒙田曾经说，"真正的学者就像田野上的麦穗。麦穗空瘪的时候，它总是长得很挺，高傲地昂着头；麦穗饱满而成熟的时候，它总是表现出温顺的样子，低垂着脑袋"。这句话表明当麦穗饱满而成熟时，反而表现出更低的姿态，正是一种谦逊的表现。通过阅读，可以让孩子们学会谦逊，养成良好的品格，就像田野中的麦穗一样，越饱满越温顺。

## 二、"穗阅读"的功能

"穗阅读"是光华实小"生命教育·至美主张·麦芒文化"顶层理念下的重要创新，是"锋利沟通的求真精神、实力成穗的抱团精神、迈向光芒的卓越精神"的有力彰显。光华实小结合实际，创建了"全息穗阅读"模式，通过全领域覆盖、全时空运用、全人员参与，造就了大量至美"思享"阅读者。

1. 全息穗阅读，找回迷失的阅读价值

破除碎片化阅读带来的点状化、割裂化思维，在提升学生语言素养的基础上，发展全面素养，培育健全人格。

2. 全息穗阅读，有效促进课程实施

突破学科限制，在语文学科单篇阅读的基础上，对组文、整本书、跨学科、生活阅读等进行整体架构，实现课内外融通、校内外融合，使课程形态更加多样。

3. 全息穗阅读，促进学习方式变革

建设校内外、线上线下、时时处处可阅读的全时空环境，构建师生、家长的全人员参与，从单一阅读转向综合阅读，增强阅读与生活之间的联系，促进学习方式的深度变革。

# 第二节　建构体系，彰显特色

　　学校建构以语文阅读为主体、多学科参与的定向补充课程——穗阅读课程。该课程主张"以阅读绽放思维与品格的光芒"，其内容分为五个部分：一是教师阅读指导课程；二是学生自主阅读活动；三是读书节展示活动；四是阅读评价设计；五是阅读环境营造。前四部分分别打造了"聚光三课""追光前行""流光演绎""星光璀璨"主题系列活动。在这四个主题词下，穗阅读课程以其丰富饱满的立体结构联通书本世界与现实生活，让阅读时光充实学生的成长。光华实小全息穗阅读的内容构成，如图 6-1 所示。

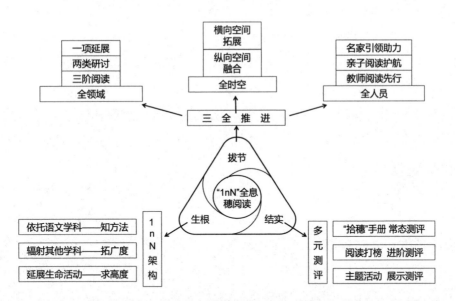

**图 6-1　光华实小全息穗阅读内容构成图**

　　光华实小在积极推进"穗阅读"时，总结精炼出一批学校特有的与阅读有关的名词。

　　书之光影：书之光影是"穗阅读"评价的激励举措之一。各班阅读打榜中表现优秀的学生可获得每周五时光剧场观影券，每周固定时间参加观影活动。影片的选择会结合学生近期阅读的书目，让学生多感官解读文本，增强阅读感受。

名著游园：名著游园是学校在"穗阅读"读书节期间开展的一项名为"名著经典体验式竞答"的活动，每年面向高年级段举行。该活动分为相声、猜谜语、歇后语、挥笔书法、体验角色五个环节，让学生通过切身体验依次闯关集章，践行阅读智慧。

探寻童话秘境：探寻童话秘境是"聚光三课"中教师指导阅读的经典导读课例。课前阅读指导课，激发学生阅读兴趣；课中阅读推进课，增强学生阅读期待；课后交流课，激发持久动力。三课聚焦整本书的阅读策略，让阅读真实发生。

为你写诗：为你写诗是"穗阅读"读书节期间舞台表演诗词文创作板块的一项特色活动，每年由四年级承办，旨在实践并拓展课本中的诗歌单元内容。"你"可以指第一人称外的任何感动自己的他人。

俟实图书馆：馆名取自唐代文学家韩愈《答李翊书》中的"养其根而俟其实"。图书馆的设计处处彰显精巧用心，原木风的色调、柔和的灯光、绿植的映衬、阶梯式阅读区以及户外自由阅读区，让同学们可以在图书馆内以书籍滋养精神，厚实底蕴。此外，校园还打造了实粒少年国学讲堂、麦壳小屋阅读森林、转角书吧、班级图书角等特色阅读场所，以多样的空间激发孩子们的阅读兴趣。

阅读拾穗：阅读拾穗是学生阅读激励措施（评价设计）在环境中的创意。学生每读完一本书可以通过口头测评或笔试获得一枚"麦穗"贴纸。书读得越多的孩子，麦穗长得越高。

小雅和鸣：小雅和鸣是结合学校党建品牌"守望麦芒党旗红"开展的阅读活动。各班利用课前三分钟朗诵红色经典诗词，寻找最美朗读者，脱颖而出的学生可获得进入麦香朗读亭录制红色经典作品的奖励。

传习天府文化：传习天府文化是"穗阅读"读书节期间开展的主题式成果展示活动。在"天府文化"主题引领下，各年级分别展示了情景剧《交子》、舞台表演《蜀绣天下》等节目。从多方面、多角度、多形式展示优秀文化，传习天府文化，积淀至美底蕴。

# 第三节　书香伴成长，做灿烂文化的拾穗者

文化兴则国运兴，文化强则民族强。育人的根本在于立德，立德首先要树牢文化之根。今日之学生是未来的建设者和接班人，今日之阅读培养学生的文化自信与民族自豪感，尤其要多阅读那些弘扬中华优秀传统文化的书籍，因为中华优秀传统文化是中华文明的智慧结晶和精华所在，是中华民族的根和魂。为此，光华实小深入钻研部编版新教材，整合课内外阅读资源，落实学生语文核心素养，在整本书的阅读过程中建构整体性思维，让学生能够系统化地、有条理地进行结构化阅读。



## 一、强化理念引领，沉浸润心

目标：做一个会“思享”的阅读者。

口号：让看不见的阅读时光悄然推动自己茁壮成长。

路径：基于语文，学科关联，纵横全领域。

策略：完善阅读课程、丰富阅读环境、适切阅读书目、优化阅读评价。

学校通过对各年级部编教材单元人文主题和语文要素的解读，在进行语文阅读教学设计（主要包含内容、要素、策略）的过程中，引导学生利用课内掌握的技巧和方法对文本进行赏析（建立低、中、高段阅读教学模式），让学生通过借助课内提供的阅读方法——“导、汇、品、悟、延”，用低段“和大人一起读”、中高段“快乐读书吧”的方式衔接课外阅读，实现学生分阶段阅读（分层多元化的阅读书目）。学校还从教师阅读和家校联动方面进行多重探索，力图打通阅读教育的壁垒，使阅读系统化、活动化、课程化。同时，大力推进语文课堂教学改革，以读促写，以写促读，读写并进，建设“阳光校园、麦香校园”。

## 二、打造多样环境，营造阅读氛围

（1）班级图书角。配备一定数量的高品质图书，涵盖经典文学、科普知识、历史传记、童话故事等多种类型，满足不同学生的阅读兴趣；定期更换补充，确保图书的多样性和可读性，激发学生的阅读热情。

（2）班级阅读打榜栏。设置专门的阅读展示区域，用于记录和展示学生的阅读成果。例如，记录学生每月的阅读书目、阅读时长、阅读心得等，并根据学生的阅读情况定期更新榜单，评选出"阅读之星""阅读小达人"等，激励学生积极参与阅读活动。

（3）阅读氛围营造。在班级内张贴阅读标语、名言警句，展示阅读主题活动的照片和作品，布置与阅读相关的文化墙，让学生在潜移默化中感受阅读的魅力，增强阅读的自觉性和主动性。

## 三、强化阅读评价，重视激励

倡导"尊重个性、立足过程、促进发展"的评价理念，确立多元、动态的评价内容和评价标准。

（1）阅读的数量。设计年度阅读进阶表格，每周填写一次自己阅读的书目、章节和字数，并在表格内用不同颜色的箭头代表上升、持平、下降进行标注。这不仅可以让学生用来自我评价，还可以帮助老师及时掌握学生的阅读量。

（2）阅读的质量。从数量的层面结合展评的方式来对阅读质量进行评价。可以根据外显的词句摘抄、思维导图、读书笔记、圈点批注、心得体会等进行评价。

（3）阅读的习惯。阅读习惯的评价标准，包括每日读书时间、持续读书天数、评点批注数量等。学生每日填写"阅读习惯自评表"，进行自我测评、自我激励。

（4）阅读的能力。利用每年的读书节活动考查学生的阅读能力，包括速读、发现、批注、质疑、合作、交流的意识和能力。

（5）良好的个性和情感。教学的根本价值是"立人"，必须让学生通过

"整本书阅读"成为个性更加鲜明、精神更加强健的人。

### 四、六年六阅，拔节生长

悠悠书香，浓浓墨趣，与书为友，与书相伴。在学校"麦芒文化"的统领下，"穗阅读"寻求在课堂上学习阅读策略，利用必读和选读书目持续海量阅读，在班级打榜中形成你追我赶的阅读氛围，在阅读反馈中彰显思维的深度和广度。

至美教师精心培育，实粒少年用心滋养，"穗阅读""六年六阅，拔节生长"正汇聚光华，向阳而生。光华实小学段阅读图，如图 6-2 所示。

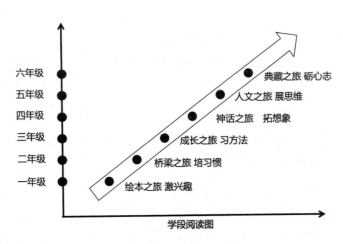

**图 6-2　光华实小学段阅读图**

1. 一年级——绘本之旅，激兴趣

对一年级小朋友而言，绘本里的森林、田野、农场、草原，形形色色的动物、光怪陆离的场景、充满童趣的历险，是想象驰骋的世界，是快乐加满的体验，也是阅读开启之始。

2. 二年级——桥梁之旅，培习惯

桥梁书籍接近儿童的生活经验，利用幽默有趣的童话故事形式，搭建由"亲子共读"转入"独立阅读"的桥梁。一书一隅一世界，读过的书、走过的路，润物无声。

3. 三年级——成长之旅，习方法

三年级的同学走进童话故事，品味故事，为自己喜欢的童话故事精心设计了手抄报。更有一张张精美读书卡，活泼新颖的版面设计，赏心悦目的绘画色彩，文质兼美的内容编排，充分展示了孩子们阅读童话的成果，浸满了读书的情趣。与文字相拥，与想象对话，于阅读中习方法，共成长。

4. 四年级——神话之旅，拓想象

神话，的确是梦幻的，是对自然的反抗、对未知的思考，是情感的寄托，是想象的徜徉。《女娲补天》《精卫填海》《后羿射日》《嫦娥奔月》《神农尝百草》这些神话故事，让人产生无限遐想。让我们携手神话人物，遨游在神话的世界里，一起来探究神话，感受神话带给我们的不一样的感觉！

5. 五年级——人文之旅，展思维

新奇的想象、鲜明的人物和跌宕起伏的情节交织在民间故事中，开启了五年级同学们的阅读之旅。与时空对话，与人物对话，与自我对话，是一场思维的碰撞，是一次人文之旅。了解故事、查阅资料，以个人或者小组的形式开拓思维，创作出一本本精美的连环画，饱含对中国民间故事的喜爱与向往，更是对中华传统文化的品读与鉴赏。

6. 六年级——典藏之旅，砺心志

六年级的同学们学经典濯染青春，品文化砥砺心志。徜徉于中外经典文学之中，感受着传统文化的巨大魅力。以爱的名义，开启一场旅行。与古今之人来一场灵魂的交流。在顺境中不得意忘形，在逆境中不妄自菲薄。以社会主义核心价值观为导向，树立远大的理想和人生追求，扬帆起航，铸就辉煌。

**"读书万卷，阅见芳华"，校园"悦"写之星风采展示**

### 阅读与表达

2018 级 2 班  闫亦欣

书籍，自古以来便是人类的良师益友，它看着一代又一代的文学家从年幼懵懂的孩子变成闻名中外的大人物，"读书好，多读书，读好书""书籍，是人类进步的阶梯"，这些名言警句无不是在强调读书的重要性。

我小的时候常常通过阅读童话故事来开阔眼界，尝试在脑海里绘制一幅幅缤纷美好的画卷。长大点后，开始关注词汇，将文字与图片融合在一起，初步体会文学的美。现如今，已不需要图片，跟着一处处描写就能与作者进行思维的碰撞，切身感受作者的心情。写文章亦是如此，只有用文字将自己想要表达的意思与情感传递出去，才能算得上一篇较为优秀的文章。

在写文章之前，要先思考一下自己想表达些什么，如何才能用优美的文字表达出来，还要想一想怎样让这篇文章更有新意，使人在茫茫"文海"里第一眼就能注意到你的文章。另外，如果结尾能够恰当地使用一些修辞或优美的环境描写，也能让人回味无穷。

总而言之，书是个好东西，用得好就是一个知心好友，用得不好就可能将你拖下深渊。最后，重要的事情说三遍，写文章一定要饱含真情实感！写文章一定要饱含真情实感！写文章一定要饱含真情实感！

## 妙笔生花养成记
### 2018级 10班 侯懿倩

写作，对我而言，是一场奇妙的旅程。最初，我对它心生厌恶，每当面对空白的纸张，我的大脑就仿佛陷入一片混沌。然而，随着时间的推移，我逐渐发现了写作的魅力。

我开始与文字为伴，将喜怒哀乐倾注其中。每一篇文章，都是我与文字的心灵对话。我通过文字，表达自我，倾诉情感；也通过文字，收获了成长与启示。

为了提升我的写作技巧，我广泛阅读各类书籍，学习不同的写作风格。我尝试着去临摹他人的佳作，从中汲取灵感，再融入自己的思考和感悟。每一次的尝试，都让我更加深入地理解了写作的本质。

在写人时，我尤其注重细节。我会仔细观察人物的动作、神态，揣摩他们的内心世界。有时候我还会先去模仿那个人的动作，然后再下笔。我相信，只有将人物刻画得栩栩如生，才能让读者产生共鸣。

现在，我热爱写作，享受每一个字句的流淌。我希望通过我的文字，能够传递出我对生活的热爱和对美好的追求。愿我的写作之路，能够越走越远，越写越精彩。

## 书读百遍，其义自见

2018级12班 熊怀江

俗话说："书读百遍，其义自见。"古语有云："学而不思则罔，思而不学则殆。"读书十分重要。但是只读不思考，是无效学习。读书，也是一门学问。下面，我给大家分享我的读书经验和技巧。

首先，我们读书是为了拓宽知识面，学习写作方法，积累优美词句。要想达到这个目的，我们就要学会赏析和批注。

赏析可以是对词句，也可以是对写作手法。细致的赏析不仅能加深我们对文章的理解，还能使我们的作文更优美，对词语的意思了解得更深入。

批注更是必不可少。批注自己的感受，批注这段话运用的写作手法，可以提高我们的语感，使我们做阅读赏析时懂得从哪些方面进行思考。

其次，"略读""跳读"和"精读"我们也要掌握。"略读"能使我们对文章有一个大致的印象；"精读"则能帮助我们体会文章表达的感情和所用的技巧；"跳读"是指遇到不懂的地方，先跳过去，读完全书后，再联系其他内容来理解，这样做能节约时间，使我们对不懂的地方印象深刻。阅读方法还有很多，我这里所说的只是冰山一角。大家只要多去读、多思考，一定能找到适合自己的阅读方法。

最后，我想送给大家一句话："书本不常翻，犹如一块砖。"掌握了方法，不读书也是没有用的。只有多读、多想、多赏析、多批注，你才能乘坐知识的小船，驶向更美丽的港湾。

# 第四节 躬耕守初心，引领教师做全民阅读的先行者

一个人的精神发育史实质上就是一个人的阅读史，而一个民族的精神境界，在很大程度上取决于全民族的阅读水平。以教书育人为天职的教师，更是离不开书籍的滋养。教师读书，归根结底是找到工作、生活的"源头活水"：既保持职业不倦不怠的活力，同时又保持心灵的润泽，使自己成为有思想、有智慧的教师。

从 2014 年起，"全民阅读"连续 8 次被写入政府工作报告，中国教育年度风向标也指出：如果学校只能干好一件事，那就选阅读。教师的书柜"装着"学生的未来，教师是阅读的先行者，如何构建现代教师阅读的新样态是我们亟须解决的问题。

## 一、顶层架构——生根

### （一）为什么读——目标

获取新知、自我教育、建立信念、思维迭代，教师应该成为"大阅读"的践行者，光华实小通过全息穗阅读让老师建构阅读图，让阅读立体起来，形成先进的思想和核心竞争力。

### （二）怎么读——路径

全人员：从个体的阅读走向社群的阅读。

全时空：从学校的阅读走向与生活融通的阅读。

全领域：从学科阅读走向跨学科阅读。

### （三）读什么——内容

全息穗阅读提倡教师全方位、多角度地阅读，书本、话剧、电影、导师、同伴等都是我们阅读的对象，读书、读人、读世界。同时，教师阅读应努力做到目标明确、方法可行、激励到位、考核有效等。

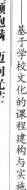

## 二、多维推进——拔节

### （一）全人员参与

在全息穗阅读的理念下，通过目标导向、整合资源、创造运用、评价提升，成立教师阅读多维成长联盟。

**1. 教研组成长联盟**

依托我校每周一次的教研活动，将活动的前15分钟固定为阅读分享时间。由组内老师轮流分享教学理论、班级管理策略等，及时更新教育观念，提高理论素养和教育能力。教师每周写两篇读书笔记，养成阅读修身的好习惯。每年至美杯赛课，设置阅读专项比赛，教师通过任务驱动去阅读、建构，实现从理念到实践的持续更迭。

**2. 微光汇成长联盟**

利用周前会开辟"阅读微光汇"专栏，由各学科老师交流阅读实践与感悟，做到分享入心、思考进阶，让每一位光华人在惬意中思考，探寻阅读修身之道。

**3. "穗阅读"成长联盟**

甄选热爱阅读、底蕴丰厚的老师组成"穗阅读"团队，开发教师阅读课程，利用"互联网+"，通过QQ群、腾讯会议等搭建教师阅读分享、展播平台。比如，举办"学科+"至美荐书者和至美朗诵者活动，由每位老师荐书并录制该书精彩片段朗读音频，通过工作群展播甄选，票选"人气王"以视频形式发表感言倡导阅读，使云阅读打破时空限制，让美好触手可及！

### （二）全领域覆盖

阅读内容涵盖爱、成长、自然、历史、生命等多个维度，学校还应多关注教师的内心世界，让教师更多地体验美好。

**1. 读透一本经典，找到心之所属**

好书能让人学会思考、提升境界、开阔视野，走向真善美。找到一本经典的书，深读、细读，读厚再读薄，读出自己。2020年寒假，我校开展了共读经典《爱的教育》活动，人人坚持21天打卡阅读，写下读后感，打响了教师阅读战"疫"。

2．主攻一个专题，确定学研方向

每个人都各有所长，有自己的兴趣和困惑，可根据内需找到适合自己发展的一个专题。比如，想研小组合作，先读读佐藤学的"合作教学三部曲"；想优班级管理，就读《一线带班》《班主任基本功修炼》……寒暑假及平时，学科教师坚持专题阅读，可以让我们也成为某方面的专家。

3．精研一位名家，站上巨人肩膀

读书亦是读人，读人的思想观点、对事物和世界的看法。比如，2020年暑假，通过音频导读，全校教师共读朱永新的《我的教育理想》等三部代表作，站到巨人的肩上对教育有了更深刻的理解。用阅读领悟引领实践、用思考走向爱与智慧，以"有限"读"无限"，把握新教育理念的精髓。

4．依托各类活动，延展阅读广度

每年三四月的读书节是学校持续时间最长的节日，老师们精心策划，倾情投入，通过"师者荐书"为孩子助力，和孩子共读。在"全息穗阅读"的引领下，各学科教师为孩子们准备了一场场精神盛宴：微光电影周——与"书之光影"相约，聚光绘本日——与趣味绘本相约，流光年级展——与阅读活动相约，"星光学科+"——与学科融合相约……特别是"星光学科+"活动：数学组推荐数学绘本、美术组《世界名画乐园》、音乐组《新学堂歌》、科学组《昆虫记》、体育组《篮球》，一本书打开一个新世界。老师们积极参与多种形式的阅读展，比如体育组白老师就跨学科带来一场现代诗讲解……

2021年喜迎建党百年，学校党支部及青年班主任成长营联合举办了一场"大雅和颂"红色经典朗诵活动。六个年级的六个青年班主任成长营全员进行"麦香朗读亭"红色经典录制，声情并茂地再现了党的百年历史风云和光辉历程；学生层面也开展了"小雅和鸣"朗诵活动。

学校积极参加市、区举办的读书活动，邀请特级教师张祖庆、著名作家陈岳到校与老师们交流阅读心得。学校的整书阅读、国学经典、教师阅读摄影等活动相继开展，教师阅读之花在光华校园绚丽绽放。

（三）全时空运用

光华实小自建校以来一直利用寒暑假和常态教研活动推进教师阅读，努力打造阅读型、成长型队伍，构建学习型团队。特别是每个寒暑假均开展读书活动，建构了"线下＋线上"双轨阅读推进路径，通过小范围交流，平台上分享（截至 2023 年 1 月 22 日，光华实小教师共读活动参与人次达 1650，打卡达 260 天，在线阅读 5929 小时，话题发布 24135 条，评论 10003 次，收获点赞 130652 个，读后感 763 篇……），实现了教师读书活动常态化、多样化、实效化。

1. 主题鲜明，隆重启动

每学期期末，学校教师发展中心聚焦教育教学最新动态，精心策划阅读活动的启动仪式，明确阅读目标、讲解活动要求，使老师们以更饱满的热情投入到阅读中来。

2. 导读先行，落实计划

学校举办的首届线上阅读活动中，我们请四川大学刘莘教授为教师们导读《爱的教育》，教师们每天先观看导读视频，再线上阅读；2020 年暑假，由学校校长导读《我的教育理想》，践行教师专业阅读成长；2022 年寒假，邀请成都师范学院教育系主任徐猛教授来我校开展"综合课程从开发到创生"专题培训，并指导学科课程专业阅读……

3. 线下研读，线上打卡

全体教师线下共读专业书籍，勾画、批注、摘录，线上在"学习通"教研组专属阅读区上传批注照片，相互点击阅读、评论留言。学校针对教师阅读建立了评价机制，鼓励老师们坚持阅读，撰写并上传阅读心得，学校根据平台阅读报告进行评奖。

4. 沙龙座谈，视频展播

每学期开学前，学校第一场活动一定是分组进行读书沙龙。2022 年 2 月的"课程赋能"沙龙中，教研组共同开发了年级学科拓展课程；2023 年 2 月的"聚学科之长，育全能之才"跨学科课程设计研讨，成功将阅读所得转化到教育实践中。学校还组织阅读成果视频展示，择优推选老师参与区上的阅读评比，推动区域内教师阅读事业发展。

5. 评比总结，激励到位

学校根据教师阅读打卡情况和沙龙分享效果进行综合评价，并在师生齐聚时表彰优秀者，孩子们欢呼雀跃的同时，其幼小的心灵里也埋下了向老师学习坚持阅读的种子。学校为促进阅读提供资金保障，为教师们购买书籍，给予荣誉、物质奖励；为爱读书的教师提供更多学习和成长的机会。

### 三、丰厚素养——结实

（一）阅读素养如麦浪涌动

阅读跨越了时空、学科界限，无论是共读或选读，线上或线下，阅读已成为师生生活的一部分，阅读素养如麦浪涌动，让生命变得更加温润而丰富、生动而深邃。

（二）阅读收获如麦粒充实

光华实小"全息穗阅读"模式创建以来，从学校到班级，从教师到学生均收获满满：学校荣获四川省诗词大会优秀奖、教师阅读优秀学校；班级获成都市十佳书香班级；学生荣获成都市经典诵读一、二等奖；音乐教研组荣获区教师阅读第一名；教师获评"温江区十大阅读推动者"1人，教师读书活动一等奖1人……

"全息穗阅读"正汇聚至美光华，养其根而俟其实，根之茂者其实遂，必将颗颗饱满，迈向光芒。

# 第五节 互联网背景下的校园教师阅读

"互联网+"的思维与技术，给传统书香校园建设铸造了新的引擎，更加注重教师学习的便捷与务实性，为教师个性化与专业化发展提供了新的路径。

## 一、数字化阅读助力教师常态阅读

2024年1月14日，在光华实小教师发展中心的组织策划下，21天打卡共读《爱的教育》活动，采用数字化阅读模式，依托超星学习通平台拉开了序幕，按照阅读相关图书—观看导读视频—打卡回答问题—分享阅读感悟的活动流程展开。希望教师们在活动参与过程中再现自己的阅读思考，传递自己的生活感悟。

本次活动利用"互联网+"融合多种阅读资源，围绕阅读中指定的课程视频进行观看学习，每天15分钟，教师通过打卡阅读与观看导读视频，再根据当天的阅读提问进行思考，并将感悟上传打卡。

在活动期间，全校233位教师共发布打卡回答3437条，获得1990个赞。大多数老师坚持打卡21天，平均每名老师发布18条动态。

老师们在深度阅读的基础上创作的读后感内容丰富、感情真挚、形式多样，展示出了我校教师优秀的人文素养和高尚的道德情怀，也为今后在阅读课堂中指导提升孩子们的创作表达和多元化思维能力积蓄了能量。学校通过后台数据的统计，根据教师的打卡情况及获赞数量，评选出了获奖教师。

教师共读活动与经典同行，让全体教师在阅读中碰撞、激荡、深化，不断更新教育理念，促进了教师的专业发展，推进了学习型校园的建设。

## 二、线上阅读展播赓续教育家精神

激扬青春迎五四，青年读书正当时。传承五四精神，贵在敢于担当，而读书学习是青年人生成长的阶梯，更是时代担当的基石。

2024 年 4 月 15 日，以书会友，拓宽阅读视野，提升阅读品质，促进专业发展，"光华之声·至美朗诵者"教师阅读分享活动正式启动。全体老师深入阅读，并制作音频以供大家分享（2 分钟以内的好书推荐 + 朗读片段），音频以（名字 + 书名）命名，由各年级组联络员收集存档并在年级组内评选出优秀作品。优秀作品在学校微信群进行展播，当天进行全员投票，选出"人气王"！

4 月 21 日至 5 月 3 日，老师们精心准备的各年级好书推荐书目包罗万象、各具特色。好书推荐仍以音频的形式呈现，老师们以质感的声音、唯美的音乐、卓越的智慧，开启心灵旅程，伴随精神成长。通过全员投票，各组荐书"人气王"诞生！获奖者发表激情洋溢的获奖感言，大力倡导深入阅读。

4 月 30 日，学校对寒假教师共读活动进行总结表彰，青年教师们表现积极突出。

5 月 4 日青年节,各年级荐书"人气王"分别代表全校教师发声——致青春，在学校公众号上展播。

丰富而充实的阅读学习将拓展青年的视野，坚定青年的信心；让青年在使命担当中不断增强使命感。只有将个人奋斗融入中华民族伟大复兴的时代大潮，人生才能拥有更深刻的价值和意义；唯有如此，青年人才能不惧风雨、勇挑重担，让青春在党和人民最需要的地方绽放绚丽之花！

### 三、线上线下融合，拓展教师阅读深度与广度

（一）定期组织线下读书沙龙

每学期组织 3~4 次线下读书沙龙活动，邀请教育领域的专家学者来校分享前沿教育理念和经典著作解读。活动前，教师提前阅读指定书籍并撰写读书笔记；活动中，专家进行主题讲座，教师围绕书中的核心观点展开讨论，分享教学中的实际案例和感悟；活动后，教师撰写反思文章，进一步深化对书籍的理解。

（二）线上资源支持与互动

利用学校线上学习平台（如超星学习通、钉钉群等），建立教师阅读资

源库，上传专家讲座视频、学术论文、经典教育著作的电子版等。教师可随时在线观看和阅读，平台还设置了讨论区，方便教师随时提问和交流。每周安排固定时间进行线上答疑，由专家或骨干教师在线解答教师的阅读困惑。

（三）线上线下结合的读书打卡活动

每月开展一次主题读书打卡活动，教师根据当月推荐书目进行阅读，每天在平台上打卡分享读书笔记。每周组织一次线下交流会，教师分享本周阅读的亮点和收获。通过线上线下相结合的方式，确保教师在日常教学中也能持续参与阅读，提升阅读的深度和广度。

（四）建立教师阅读档案

为每位教师建立阅读档案，记录其参与线下活动的签到情况、线上打卡的频率和质量、读书笔记、反思文章等。每学期末，对教师的阅读情况进行总结和评估，评选"阅读之星"，并将阅读成果纳入教师专业发展考核体系，激励教师积极参与阅读活动。

## 四、跨学科阅读，助力教师综合素养提升

（一）跨学科阅读书目推荐

每学期初，学校教师发展中心根据教师的专业需求和学科特点，推荐跨学科阅读书目。例如，语文教师推荐《教育心理学》《认知天性：让学习轻而易举的心理学规律》等心理学书籍；科学教师推荐《人类简史》《苏菲的世界》等人文社科类书籍。书目涵盖哲学、心理学、历史、文学、科学等多个领域，帮助教师拓宽知识面。

（二）跨学科主题研讨活动

每月组织一次跨学科主题研讨活动，以"学科融合"为核心，围绕一个主题展开。例如，"如何在语文教学中融入哲学思维""科学教育中的文学表达"等。教师结合自己的阅读和教学实践，分享跨学科教学的案例和心得。活动邀请不同学科的骨干教师担任主持人，引导教师从多学科视角思考教学问题。

（三）跨学科阅读项目小组

组织教师成立跨学科阅读项目小组，由不同学科的教师组成。小组成员

共同阅读一本跨学科书籍，并围绕书中的内容设计跨学科教学方案。例如，语文与美术教师合作，设计"文学作品中的绘画之美"课程；科学与数学教师合作，探索"数学思维在科学实验中的应用"。每学期末，各小组展示跨学科教学成果，学校组织专家进行评审，在全校推广优秀成果。

（四）跨学科阅读成果展示与分享

每学期末，学校举办跨学科阅读成果展示活动，教师通过公开课、讲座、教学案例分享等形式展示跨学科阅读的成果。同时，学校将优秀案例整理成册，编印《光华实小跨学科阅读教学案例集》，供全校教师参考学习，进一步推动跨学科阅读在教学中的应用，提升教师的综合素养。

通过以上具体做法，光华实小将教师阅读与教学实践紧密结合，借助互联网技术打破时空限制，拓展阅读的深度与广度，同时通过跨学科阅读助力教师综合素养的提升，为教师的专业成长提供坚实的支持。

附：2023年成都市教师读书现场会教师"侯实沙龙"论坛整理稿

《把数学画出来：小学画数学教学实践手册》——向一本书深处漫溯

主持人：尊敬的各位领导，各位同仁：大家上午好，欢迎大家来到新一期"侯实沙龙"！苏霍姆林斯基说："无限相信书籍的力量，是我教育信仰的真谛之一。"读书，尤其是读好书，这是我们成为更优秀的教育人的基本前提。

主持人：今天我们邀请到了光华实小的6位数学老师，一起来聊聊读书这件事，大家平常看书的时间多吗？

梁老师：工作时间之外，我会看些自己感兴趣的书。在寒暑假时，借助学校"穗阅读"教师读书活动的平台，每年和教研组的小伙伴们至少共读两本与专业相关的书籍。

主持人：确实，寒暑假是我们教师充电的好时间，那你们眼中的好书是什么样的？

杨老师：我认为一本好书要具备两个特点：一是内容充实，能让我学到东西；二是能引发我的延展思考和启迪内心。

主持人：作为数学老师，可能我们更看重这本书的实用价值，看它能不能让我们学到真东西，并运用在我们的课堂上。

今天，我们就是为一本数学老师眼中的好书而来，特级教师刘善娜的《把数学画出来：小学画数学教学实践手册》（以下简称《把数学画出来》）在学校的共读活动中，被好几个数学教研组定为组内共读书目，它究竟有什么魔力，得以在光华实小受到追捧？这还得从舒老师与它的缘分讲起。

舒老师：感恩2020年那个温暖的寒假，遇见刘善娜老师的《把数学画出来》。借用书中的一段话：世间一切，都是相遇；就像天遇见地，有了永恒；人遇见人，有了生命。我们与画的相遇，与数学的遇见，都满溢着新的生长和喜悦。第一次读刘老师的《这样的数学作业有意思：小学数学探究性作业设计与实施》，我就被书中那些有意思的数学作业深深吸引，所以这一次我毫不犹豫地选择了它——《把数学画出来》。

反观自己这15年的教学，第一个6年是在懵懵懂懂的摸索中完成了整个小学阶段的教学，现在回忆起来，那时候只有教材教参建议画时，自己才会去画。

第二个6年虽有了改变，有了思考，但依然做得不够好。究其原因，一是缺乏系统的跟进，仅在课时需要、解题需要时才散乱地教画，现在回头看，确实应该从一年级开始教孩子去标注、去画、去系统性地思考。比如，与孩子交谈得知，会做的题目，他们一读题就会了，不会的，根本没想过去画图，也不知道怎么画，我想这不正是问题所在吗？因为平时画得少，孩子们没有尝到画图带来的好处。二是我们没有给孩子足够的时间去画。

现在已进入我教学生涯的第三个6年，这一次我把书中所学用起来了，别人都说万事开头难，我却觉得开头往往不难。因为当我们决心去做一件事时是带着激情和动力的，反而最难的是——坚持，但现在我有信心去坚持做好这件事，因为我有了一位"好老师"。

关于系统地教画正如书中所说，一年级要画出原生态，二年级画出"辨析"味，三四年级画好线段图，五六年级画出建构力。不同的图对应不同的教法，不同的图，侧重点不同，不同的图，发问和追问也不同。

最后我想说：遇见了，我会珍惜；决定了，我会坚持。加油！

主持人：感谢舒老师慧眼识书。好书，仅仅去读是不够的，将它所讲化为己用才是对一本好书最大的尊重。那么，光华实小的老师们读了这本书后，是怎样带领学生实践画数学的呢？

薛老师：我就先从低段来谈谈吧，如刘老师书中所言："就第一学段的学生而言，画的直观性和形象性，使其在小学低段数学学习中发挥着不可忽视的作用。"受刘老师的四格漫画的启发，在一年级学习"0"的时候，小朋友们以连环画的方式画出了"我心目中的0"，这些都是孩子们所理解的"0"。

通过画图、展示、总结，有效地帮助儿童从具体情境中抽象出一个都没有就是0，学生头脑中才会真正建立起0的概念，而不是停留在"0像鸭蛋圆又圆"的认识层面。由此可见，"画数学"可以辅助孩子们理解数学概念。

同时，"画数学"还可以帮助低段的小朋友们解决复杂的实际问题。比如，从各种姿态的小朋友到火柴人再到圆圈图，由繁到简，学生更易理解并加以运用。从此以后，孩子们一看到排队问题，都会先画图再列式。到了现在的二年级遇到植树问题和锯木头问题时也会先画一画。将画画与数学相结合，在直观与数学抽象之间架起一座桥梁，引导学生在表征问题、解决问题的过程中习得"画数学"的三步骤：首先根据题意画图，其次标注重要数据，最后根据数量关系列算式。

杨老师：低学段的小朋友最喜欢涂涂画画了，从一年级开始让学生尝试用画草图的方法解决问题，是一件非常有价值的事情，但我们遇到的数学问题会越来越复杂，数据也会越来越大，圆圈图也就无能为力了，这时候直条图和线段图就闪亮登场啦。

本学期开学初，我们三年级在线上学习《买文具》这一课，学生需要画图解决："3本作文本18元，一本作文本多少元？"大多数学生画的图无外乎两种，仅从结果来看，两种画法没什么区别。

舒老师：我认为两种画法是不一样的，第一种表示的是把18元平均分成3份，每份是6元，而第二种表示的是把3个6元合起来，一共是18元。

杨老师：正如舒老师所说，第一种画法呈现出了"平均分"的过程，而第二种画法呈现的其实是一种倍数关系，与题目表示的实际含义是不相符的。刘善娜老师在书中写道"画图要重细节，画出思维的准确性"，在教学时，我们应该帮助学生区分开这两种画法，让学生认识到虽然画出的结果是一样的，但画的过程不同，所表示的数学意义也不相同。

画数学，要画出"细节"，让学生明白图中呈现出的细节，更能帮助我们厘清数量关系，解决复杂问题。

刘老师还说"要从教材知识领域出发，形成画图能力的螺旋上升"，因此在整个单元的学习中，我们教研组还补充了线段图的知识，让学生对比分析直条图和线段图的异同，目的是让学生懂得虽然画的图形不同，但画法相同，表示的意思也相同。由一二年级的象形图，再到三四年级的直条图、线段图，让学生体会到"图"是可以逐渐变化的，它可以变得更加简洁、更加抽象，而画图是我们一直可以利用的一个学习工具。

主持人：是的，培养孩子的核心能力可以让孩子走得更远、看得更高。据我所知，薛老师上学期还提交了一篇低段的学生画数学研究的论文，对吗？

薛老师：是的，在看了这本书后，感悟很多，收获很多，很想记录下来。

主持人：薛老师有心了，这也是我们推荐这本书的原因，它不仅在实践上给我们提供帮助，在教师生涯发展上也带给我们启发。作者刘善娜老师常年坚持记录在教学工作上的实践以及思考，刘老师的成功，离不开主动，或者说是用心。就像薛老师一样，当我们也开始用心去做平常事时，成长不就正在发生吗？

胡老师：确实是这样的，作为正在成长中的教师，更应该多读书，多读这样的好书。2021年9月，我成为一名新任教研组长且带领的是六年级，压力山大啊！这时候我想到了上一个教研组研读的《把数学画出来》这本书，所以我把这本书推荐给了新的伙伴们，共同学习，并在课堂中积极尝试。

通过研读，我们非常赞同刘老师的观点——现在教材中学生画图能力的培养是断层的。一是图示仅作为教师分析的抓手和帮助学生理解的工具，没有要求学生学会绘制；二是画图能力的培养没有系统化、进阶式的练习，只有"感知"，无法变成"能力"为己所用。所以我们将画图能力的培养确定为学习目标之一。采取"课内＋课外"的方式，通过学生观察图示、教师示范画图、学生尝试独立画图及分析理解数量关系并解决问题四个环节对学生进行训练。通过上面的四步训练，借助"画"的方式，学习过程更有趣了，重难点突破更容易了，学生解决问题的能力也提高了，数学课堂更高效了。

我个人及我们团队思考和创新的热情也被点燃了，我这个新手组长也带出了学校的"优秀教研组"，我想这就是阅读带给我们的力量。

主持人：谢谢胡老师的鼎力推荐，在这本书的启发下，光华实小高段数学组也打造出光华作业一大看点——数学漫画。

陈老师：数学漫画大家看起来轻松有趣，其实背后教研组的老师们花了不少工夫。从初读刘善娜老师的《把数学画出来》，到照猫画虎在课堂上实践，再到尝试创新与漫画结合，这也是一个不断探索的过程。就像刚才薛老师和杨老师谈到的，需要在不同的学段进行不同的尝试。学生画模型、画流程、画导图，实践中画数学，我们已经积累了丰富的经验。

这本书提到的四宫格漫画，引发了我们新的思考。在高年级，能不能充分发挥学生画图的主动性，让他们主动通过画图厘清数学知识之间的逻辑关系，将画图的趣与妙更好地结合呢？我们决定进行更深入的研究。2022年5月，五六年级数学组的老师们，确定了研究课题"'双减'背景下，小学高段数学特色作业的设计与实施研究"，把画数学作为研究课题的一部分，尝试引导高段的学生结合喜欢的漫画，将所学知识中的重难点融入漫画作业中，在漫画的调侃欢笑中，引发对数学的深度思考和赋予画数学新的意义。

梁老师：我来说一说我们的实践举措吧。我们的课题主要围绕激发学生对作业的兴趣开展研究，即如何提升学生完成作业的自主性、如何增加作业的开放性和灵活性。要进行课题研究，理论基础很重要，为此，我们查阅了大量的国内外文献，阅读了不少好书。在课题组老师的充分准备下，我们成功撰写并提交了课题申请，开启了漫漫研究之路。我们从画数学漫画入手，先以教研组为单位对每个单元的主题进行研讨，再由老师带着孩子们先看、后仿，最终达到自主创造。我们的终极目的是培养小小数学漫画家，帮助孩子对知识进行理解和整合，促进学科融合以及知识结构化。

数学漫画被引入教学中，获得了老师和孩子们的一致好评，于是我们乘胜追击，在数学漫画的基础上，以探究性长程作业、学生自主学习为切入点，新加了"数学实验室""数学微课堂"两个子项目，从增强作业多样性、提高作业趣味性、促进作业有效性三个方面对作业布置进行了改进。

虽然我们的课题研究现在还处于起步阶段，但是我相信，有阅读的加持，有学习和创新的动力，我们一定可以做出非常出色的成果，敬请期待吧！

主持人：期待咱们课题组的最终呈现，也希望你们的研究成果能帮助到更多的老师。聊完这本书，让人不禁又想起了书中的那句话：世间一切，都是相遇。正如我们与画数学的遇见，与这本好书的遇见。如今这些美好的遇见，要感谢我们各位老师的不断探索，以及舒老师当初的坚定选择，尤其要感谢光华实小为我们提供的"穗阅读"教师共读平台！

让我们在这播种的季节里，与一本本好书携手同行，继续教育生涯的心之旅。各位老师，本期沙龙活动到此结束，感谢您的聆听，我们下期再会！

# 第七章　知识到素养：课程效果的保障

## 第一节　课程评价多元彰显一个"趣"

在当前教育改革的大背景下，教育评价体系创新与完善成为推动素质教育深入发展的关键。光华实小积极探索适应新时代需求的教育评价新模式，结合"生命教育·至美主张·麦芒文化"的教育理念，致力于构建一个能够全面反映学生成长与发展的评价体系，在此过程中，微光手册应运而生。

### 一、微光手册·缘起

评价改革是时代发展的担当。2020年，中共中央、国务院印发了《深化新时代教育评价改革总体方案》，明确提出："系统推进教育评价改革，发展素质教育，坚持科学有效，改进结果评价，强化过程评价，探索增值评价，健全综合评价，充分利用信息技术，提高教育评价的科学性、专业性、客观性。"同时指出，评价是教育发展的"牛鼻子"，是"指挥棒"，是"方向盘"！只有回到教育改革的深层次主题，围绕评价改革开展实践研究，才能更好地践行党的教育方针。2021年，教育部等六部门印发了《义务教育质量评价指南》，将学生发展质量评价界定为五方面，即品德发展、学业发展、身心发展、审美素养、劳动与社会实践。

评价改革是学校发展的需要。光华实小凝练出"生命教育·至美主张·麦芒文化"的顶层架构，明确了"谦逊品性、饱满才华、实力远播"的培养目标。这个目标必须通过丰富的课程来实现，而保证课程质量的核心是评价，因此必须让评价真正成为学生走向未来的助推器。

评价改革是家校沟通的共识。学生的发展不仅是学业要发展，还包括品德、身心、兴趣特长等方面的发展，这些都需要对教育评价进行改革，而家校良好的沟通正是改革的动力之源。

对此，我校基于学校文化"三阶—五美"架构和"美立方"课程，编撰出微光手册，集"全员育人、全程育人、全方位育人"于一体，以全面立体的轨迹、多元互动的评价，助力学生阶段性发展，让成长可见，最终实现学生的自主管理。

## 二、微光手册·初衷

我们每个人的品格、能力与才华的绽放，如同一个光点，终将汇聚成璀璨星河。学生综合素质评价是学校教育教学改革的重要组成部分，学校致力于促进评价功能从"选拔"向"育人"转变，从分数评价迈向过程性评价与真实性评价融合，从单一评价走向学生、教师、家长、社区多方面的综合评价。

微光手册作为六色系（土壤红、麦芽黄、麦苗绿、麦叶青、麦穗金、光芒橙）的评价手册，颜色取自麦苗的成长过程，体现着学校文化，是学校秉承"时光成长充实美"的办学理念重视过程性和发展性的见证，记录着孩子们迈向光芒的每一天。在内容设计上，手册以"谦逊品性、饱满才华、实力远播"培养目标为核心，是德、智、体、美、劳五育并举的思想在学校评价中的落地。

微光手册作为学校多元评价的载体，为全科老师的评价而服务，同时更是促进学生全面发展的重要推手。因此，微光手册的评价方式既要着眼于老师，又要着眼于学生的综合素养提升，更要致力于促进家校共育。但据我们了解，老师现有的评价方式存在很多不足：评价方式不成体系——各科老师各有各的评价和奖励措施，评价难以发挥最大作用；评价内容过于单一——老师只针对学生的某一个方面进行评价，学生无法全面了解自己的优缺点，继而无法进行针对性的改善；评价主体缺位——从前的评价只针对学生在校的情况评价，学生只能看到老师对自己的评价，而家长及同学对自己的评价较难获得。这些不足造成老师对学生或学生对自己的认识相对片面，不利于学生的全面发展。

微光手册将各学科的评价整合在一起，从德、智、体、美、劳五个方面对学生进行全面评价。学校引入"谷粒币"（谷粒，谐"鼓励"之音，有"鼓励"之意）奖励机制，让学生能够根据自己的优势和不足，及时改进。实践结果表明，"谷粒币"奖励机制将日常与课堂评价相结合，多方面评价学生的表现，既对学生的在校表现进行评价，也对学生在学习上的表现进行评价，不再因为学生的成绩对其进行一票否决。学生对自己有了更清晰的认知，表现得更有信心，也不再一味追求成绩而忽略道德品质的养成。

家庭是孩子教育的主阵地，家长更是孩子的第一任教师，构建教师评、学生评、家长评的全方位评价模式，既可以促进家长对孩子教育的关注，同时也让老师更加了解孩子在家的表现。此外，评价模式纳入学生互评，更利于老师和家长掌握学生的性格特点。

微光手册的付诸实践，使我们既看到了诸多不足，更看到了学生的进步，让我们期待孩子们长足的发展！

### 三、微光手册·破茧

在教育的广阔天地中，评价体系犹如一盏明灯，指引着学生成长的每一步。微光手册旨在通过微观、中观、宏观三个层面的综合评价，搭建起一个既科学又充满人文关怀的评价平台，促进学生的全面发展。希望每一位学生都能在这束微光的照耀下，破茧成蝶，展翅高飞。

（一）评价全面

微光手册由微观层面的"以评促长"、中观层面的"以评促教"、宏观层面的"以评提质"相互交织构成。学校从五育并举的高度出发，通过健全"5621"评价模式，开发编撰以"三模块"为核心的微光手册，搭建儿童喜闻乐见的评价平台，促进学生全面发展。

（1）"5621"彰显生命本体价值。围绕"生命教育·至美主张·麦芒文化"的顶层架构，通过"5621"模式全面评价学生。

"5"：立足于学生"德智体美劳"5个维度的全面发展，根据真实教育情境，创设每个维度的评价关键点，引导孩子全面发展和个性发展。

"6"：指一日常规、一日课堂、一日阅读、一周锻炼、一周书画歌舞、一周劳动。

"2"：指一月实践和一期活动。

"1"：最终实现学生自主管理、自主发展，全面提升学生的核心素养。

微光手册寓意学生的每一处成长都将成为当下的微光，既可点亮自己，也可影响别人，让每一个生命都能得到精彩的绽放。

（2）"三模块"落实全面发展理念。微光手册围绕学校育人目标，从"谦逊品性、饱满才华、实力远播"三个板块进行评价。它是学生成长目标的解读手册，是学生成长过程的记录手册，更是学生成长的导师分析册。

"谦逊品性"从九大品格入手，诠释修炼方法并用"一日常规谷粒仓"记录评价，结合班级一日常规评价机制进行评价。

"饱满才华"从课堂、学科、阅读、艺体审美等方面对六大能力进行深度解读和评价。包括学科板块对每个学科的特质、核心素养进行分解，课堂板块提出不同年段具体的课堂要求，"一日课堂谷粒仓"结合学科评价机制对孩子课堂表现及时评价，阅读板块呈现各年级一学年的必读书目、选读书目、需要观摩的影片及本板块评价标准，艺体审美板块对孩子一周的体育、音乐、美术进行评价，"一周劳动"则根据每个年级的必备劳动技能做出评价。

"实力远播"通过"人人都是小干部"、重大事件轴、综合实践活动等，引导学生对自己学期、学年的整体表现进行梳理和综合评价，并做出评价反馈。

（3）儿童视角凸显人文情怀。微光手册通过六种颜色展示学生成长的六个年龄段，让每个年段的学生都能找到自己的定位。微光手册图文并茂，有学生自己喜爱的照片、自己书写的爱好和梦想，有丰富多彩的思维导图、校园活动照片及卡通图片，还有我校老师自编的押韵顺口、立意鲜明、充满童趣的儿歌等。

（二）评程可视

微光手册以动态评价为基本原则，通过呈现立体的成长轨迹、明确清晰的行动方向、开展多元的评价方式让评价过程全程可视。

（1）全面立体的成长轨迹。微光手册以1—6年级阶梯形成长路径为主，每个年段具有相似的结构、不同的指标，助力学生阶段性发展。以劳动组为例，提出明确要求，给予各年段具体的指导意见和劳动清单，同时梳理各年段应具备的劳动技能，让学生知道自己什么时候该做什么、怎么做，为学生提供一个自我认知、自我规划、自我反思的平台。六年一轮，螺旋上升，学生的成长轨迹在微光手册中都能全部展现。

评价是各学科课程体系的重要组成部分，对促进学科课程的目标实现、保障学科教育的实施等具有重要意义。例如，微光手册中的劳育篇章，针对不同学段，设置了不同类型的劳动内容和不同的任务群，因而其评价的侧重点也有所不同。日常生活劳动侧重于卫生习惯、生活能力和自理、自立、自强意识等的评价；生产劳动侧重于工具使用和技能掌握、劳动价值观、劳动质量意识，以及劳动精神等的评价；服务型劳动侧重于服务意识、社会责任感等的评价。同时，劳动课程评价注重平时表现评价和阶段综合评价。

平时表现评价中，各学段各班根据学情、班情，结合微光手册，灵活使用多种方法评价。如，1–2年级以鼓励为主，采用劳动绘本、劳动照片打卡、星级自评、贴小红花等方式体现劳动过程和劳动感受；3–6年级采用劳动叙事、劳动作品展示等方式记录劳动过程，每次完成劳动任务，即可获得相应的"谷粒币"。阶段综合评价是学期、学年或学段结束时进行的综合评价，根据个人所得的"谷粒币"获取班级、年级和学校谷粒仓的奖励。

（2）清晰明确的行动方向。学生利用微光手册从标准、路线、记录、总结四个方面来记录和管理自己的活动、学业等。例如，在"一日阅读"中：阅读氛围、阅读规范明确了学生阅读的要求；阅读方法和必读、选读书目给了学生阅读的路线；自评贴币、阅读小奖状适时对阅读成果进行记录；谷粒仓帮助学生对阅读成果进行总结提升。

（3）多元互动的评价过程。微光手册坚持过程性评价与阶段性评价、质性评价与量性评价、统一评测与展示评价相结合，全面评价学生在一年里的综合发展。首先，需要充分发挥家长、教师、同伴等在自我成长过程中的作用，重视家校在养成教育中的相互配合，使评价更多地成为一种互动的认知过程。其次，利用"谷粒币"多元发放主体，成立学生自主管理委员会、班级学科教师共同体、学校综合评估中心，全员参评，全员互动。比如：老师们在相互交流时发现，语文老师管理的"谷粒币"明显过多，大家集思广益，采取班级小干部协助管理、灵活同步使用的方法解决了这个问题。老师们在课堂或活动中积极鼓励引导学生按照手册上的标准行动，每节课奖出一定量的"谷粒币"，并在班会上总结表扬，让评价全程可视。

（4）"三三"联动的保障措施。评价手册的创编、使用与总结是一个系统工作，学校作为统领者，用"三三"联动确保评价落地。

"三三"中的第一个"三"，即教师、学生、家长共参与。学校统筹整体设计、人员安排、评价过程等环节，对教师进行科学评价的培训，提高思想认识，明确各自的职责；对家长做好指导，将评价手册作为家校合作的窗口，细心观察孩子的进步，对孩子进行激励鼓舞；对学生做好宣传和引导，成立学习评价小组，记录评价过程，激发孩子的学习内驱力，鼓励多渠道获得"谷粒币"，树立一分耕耘一分收获的意识。

第二个"三"，即校级、年级、班级（学科间）共研讨。加强校级、年级、班级（学科间）三级研讨，制订年级"谷粒币"发放细则、谷粒仓开仓具体方案，交流使用方法，反思总结，形成经验推广，确保评价的全程可视。学校行政团队、手册开发团队及年级核心教师就手册的发放到保存、"谷粒币"的发放量到"谷粒币"的使用范围、谷粒仓的奖品设置到开放细则进行深度讨论，开展校级专题培训；年级督学牵头，年级组长具体组织，各年级根据学校的统一安排，针对年级已有的评价机制及学生的年段特点进行研讨，注重年级同步调、同时段、同范围，促进年级整体发展；班级（学科间）研讨由教研组长、班主任、学科教师组织，研讨各学科的"谷粒币"发放细则，形成学科统一的评价机制及班级学科间的协同一致。

（三）评果进阶

微光手册通过班级、年级、校级的三级仓方式，让评价结果进阶，形成三阶循环的动力系统，最终实现学生自主管理。

学校重视质评与量评，构建三级仓充分发挥评价育人功能。一级仓：班级谷粒仓。每月开放班级谷粒仓，以班级已有评价机制为主，对学生每月表现进行总结评价。二级仓：年级谷粒仓。每半期开放一次，精心设置年级奖励，从精神到物质，设置愿望打卡区、志愿服务岗、宣讲榜样团，给每个孩子的成长进步赋力。三级仓：校级谷粒仓。每学期末开放一次，每个年级开放一天。充分营造校级谷粒仓的开放氛围，精心设计校级奖品，奖励派发人员由学校管理团队、年级组长、大队部干部组成。精神层面：开展梦想照进现实、我的地盘我来秀、为你盛上一碗汤等活动，用喜闻乐见的方式来完成孩子们心中所想、所愿。物质层面：学校的"2+5"吉祥物、笔袋、笔记本、书签、明信片等实物。形式多样的奖品，可以激发孩子们获得"谷粒币"的动力，促进每一个孩子的全面发展。

## 四、微光手册·成效

"掌声鼓励，掌生谷粒"是我们的教风，已然成为我校师生评价的闪亮标志。作为麦田守望者，我们只有给予孩子更多的掌声和鼓励，才会收获更多的谷粒和幸福。微光手册关注学生发展需要，激发学生内驱力，把学习变成了一件好玩的事，实现了评价的"选拔"向"育人"转变、"分数"向"过程"转变、"单一"向"综合"转变，孩子们更加积极地参与到丰富多彩的校园生活中，勇于承担各项工作，取得了优异成绩！微光手册的编撰与使用，为课程闭环管理及学生自主管理评价提供了工具，丰富了学校育人体系图谱，打通了家校共育的壁垒，全面提升了学校文化的影响力。区级课题"五育并举背景下多元评价促学生全面发展的实践探究"也正逐步推进中，如何通过量化实现质的提升，如何保护学生持续参与的热情，如何优化"电子成长档案"，完善线上线下立体评价方式……我们将不断思考，拓宽评价主体，让每个孩子的成长可见。

在探索教育评价的新路径中，微光手册不仅为学生和教师提供了全新的视角和工具，也促进了双方的共同成长与进步。以下是部分学生、教师和家长使用微光手册后的感想，分为学生篇、教师篇和家长篇。

### 【学生篇】

微光手册是一把神奇的钥匙，用之使人顿生光彩。它帮助我更好地认识自我，直至成为具有谦逊品性、饱满才华，以实力声名远播的至美实粒少年。手册上的"穗阅读"板块使我养成了良好的阅读习惯。从三年级开始，我通过积极阅读时常获得"麦穗"奖励。这样的激励方式，不仅扩大了我的知识面，也提升了我的文学素养，让我在无尽的书海中遨游。微光手册已融入我们日常的品格、学习和劳动的培养中，帮助我养成好习惯，促使我成为德、智、体、美、劳全面发展的新时代好少年！

——2019级3班 董欣怡

五年级上学期，我用微光手册的"谷粒币"心愿卡实现了一个心愿——当一天见习班主任。尽管只是短短的一天，我收获了许多心得。与老师对学生的要求不同，老师们常常被要求一心多用。当天我与向老师一起去其他班级听了一节公开课，我一边认真听着台上老师讲的内容，一边手不停歇地记录着老师讲课的具体流程和师生间的互动内容等。这对我来说真是很难的一件事情，会经常跟不上节奏；台上的老师一边熟练地按照教学流程教授知识，同时还需要活跃课堂气氛，启发同学们一起思考互动。显然不止于此，思维活跃的同学们总会提出各种问题，等着我们知识渊博的老师去解答和分析。除了做好教学工作，班主任还需要做好班级纪律及安全管理，调节好班级里突发的大大小小的摩擦。课间，我学着向老师平时的样子，不厌其烦地提醒同学们注意安全，不要在走道及教室里追逐打闹。遇到发生冲突的同学，我也会耐心地了解实际情况，提醒他们冷静下来，好好沟通。一天工作下来，我感觉班主任的工作太繁杂了，十分辛苦。我今后一定要在各个方面管理好自己，以减轻老师的工作。

——2019级4班 童楚云

**【教师篇：音乐组】**

对于光华实小的小麦粒们来说，"谷粒币"具有非常强大的吸引力；对于音乐组老师来说，微光手册是一个很好的评价工具。而盖"谷粒币"的形式，也是一种很有效的评价方式。那么如何在课堂中运用呢？通过集体教研，音乐组的老师们探讨出了本学科评价的具体方式。

积极反馈：及时给予学生积极的反馈，强调他们的优点和努力，鼓励他们继续努力学习。在课堂中，根据已制定的积分兑换制度，利用小组积分来给予学生积极的反馈。例如：（1）积分每月清零，当月积分最多的小组可以抽取奖品；（2）每10个积分兑换1枚"谷粒币"，积分最多的小组可额外奖励1枚"谷粒币";（3）大单元任务评选出的优秀小组可额外获得5个积分，并且组长得2枚"谷粒币"，组员每人得1枚"谷粒币"。在这样的激励制度下，孩子们对音乐学习更加感兴趣，而且也更加有集体荣辱感。

设立目标：与学生一起设立明确的学习目标，帮助他们了解自己的学习方向，激励他们朝着目标努力前进。让学生给自己定一些音乐目标，而且这些目标是自己急需解决的且不能过大，不管他们给自己定几个目标，每完成一个目标，都可以盖1枚"谷粒币"。

给点挑战：给予学生有一定挑战性的任务，激发他们的竞争意识和求知欲，促使他们不断提高自己的音乐水平。教师在音乐课堂中经常问一些有一定难度的音乐问题，如果谁能答上来，课后就可以获得1枚"谷粒币"。

自我评价：鼓励学生进行自我评价，让他们反思自己的学习过程和成果，发现不足之处并制订改进计划。

设立自我评价的"摘星活动"：每位同学从听、唱、奏、创、识五个方面对自己进行评价，并根据评价标准对自己进行"摘星"，每单元进行一次，小组内摘星最多的同学可以得到1枚"谷粒币"和老师额外颁发的小奖品。到了期末，按照摘的数量等级标准进行兑换，不同等级可以获得不同数量的"谷粒币"。

分享表现：鼓励学生在班级或学校活动中展示自己的音乐才能，让他们感受到被认可和赞赏的喜悦，促进学习积极性。

特长展示：如果学生愿意在班级或者学校组织的任意活动中展示自己音乐方面的特长，都可以到音乐老师那里兑换1枚"谷粒币"。


【教师篇：美术组】

美术学科是文化传承与创新的重要载体。通过绘画、雕塑、设计等形式，美术学科不仅能够传承历史与文化，还能够推陈出新，创造出符合时代精神的美术作品。在目前的美术新课标中，教师需要做到教、学、评一致，《义务教育艺术课程标准（2022年版）》也提出要坚持多主体评价，发挥学校、教师、学生、家长等不同评价主体或角色的作用，形成多方共同激励的机制，增强学生学习艺术的动力和信心，有效提升学生的美术素养。

对于光华实小的小麦粒们来说，"谷粒币"具有非常强大的吸引力；对于美术组老师来说，微光手册是一个很好的评价工具。而盖"谷粒币"的形式，也是一种很有效的评价方式。课堂中，我们向学生明确微光手册中的评价标准和"谷粒币"的发放规则，确保学生了解如何通过积极参与课堂活动和完成作业来获得。例如：每节课的随堂作品会当堂评改和打星，以此来评价学生的作业完成情况。最高5星，可直接兑换1枚"谷粒币"。获得4星的作业，可在图画本的第一页盖上1枚作业章，积满5枚作业章可获得1枚"谷粒币"。每月统计一次本月获得的"谷粒币"，班级获得最多的前5名可以抽取奖品；课上积极举手并专注当堂课美术练习的学生可领取老师发放的积分卡片，卡片分别有1分、2分、5分、10分四种不同的分值，积满10分可兑换1枚"谷粒币"；小组合作积极并表现优异的，组长得2枚"谷粒币"，组员每人得1枚"谷粒币"。在这样的激励机制下，学生对每节课都很重视，并且能在课堂上有效地完成绘画练习。这增强了学生对美术课的兴趣，提高了他们的审美感知、艺术表现、创意实践和文化理解能力，促进了学生美术核心素养的养成。

每学期开展的区级或校级的各类艺术比赛、活动中，积极提交作品的学生可兑换"谷粒币"，每提交作品1件可兑换3枚"谷粒币"。另外，荣获校级奖一等奖可兑换6枚"谷粒币"、二等奖5枚"谷粒币"、三等奖4枚"谷粒币"；区级及以上的比赛，一等奖10枚"谷粒币"、二等奖9枚"谷粒币"、三等奖8枚"谷粒币"。

课堂上创设闯关情景，给予学生既有趣味性又有挑战性的任务，激发他们的竞争意识和求知欲，促使他们不断提高自己的美术水平。在课上回答出有难度的问题可获得1枚"谷粒币"，任务通关的同学可获得2枚"谷粒币"。

每项任务都有对应的评价标准，因此每位同学要仔细阅读和理解。只要完成任务，在每节课上都可直接兑换相应的"谷粒币"，也可累计一月后一次性兑换。另外，老师会在半期和期末对全班进行总结，形成最后的期末综合评定成绩。

通过上述方法，可以有效地将微光手册和"谷粒币"评价体系融入美术课堂中，激发学生的学习兴趣，提高他们的参与度和创造力，同时也为教师提供一种新颖的教学评价工具。

## 【教师篇：数学组】

微光手册未推出之前，数学作为文化学科，教师往往只关注学生阶段性的、期末的学业评价，对于学习过程的评价通常只停留在课堂上的口头表扬上，评价效果较为短暂、后劲不足，还存在没有记录、缺乏对比等问题……学校推出微光手册之后，就目前使用情况来看，微光手册对学生的习惯养成及数学学科的教学工作的帮助是很大的。班级孩子对于微光手册上数学"谷粒币"的获取非常积极且重视，因为"谷粒币"的多少不仅可以小组比、全班比，还能和其他班甚至其他年级的孩子比较，"谷粒币"的"发光范围"是全校性的。

对于学科课堂，学校的微光手册第 26 页上明确提出了一日课堂的"三注意"，即课前、课中、课后的注意事项，我们依据该要求规范了学生的数学学习习惯。

课前准备"打卡制"。课前准备往往是孩子们容易忽略的环节，总有极个别的孩子要等到上课后才磨磨蹭蹭地开始准备，耽误上课时间。有了微光手册后，课前实行"打卡制"，以大组为单位进行课前检查，连续一周课前书本、学具准备充分、精神饱满的孩子直接奖励 1 枚"谷粒币"。这样坚持一段时间下来，绝大部分孩子能更自觉、积极地做课前准备，也能更快地进入学习状态，老师开课也更流畅了。

课堂管理"积分制"。课中借助微光手册实行"积分制"，学生专注倾听、坐姿端正、发言精彩、静心思考等加 1~3 分，违反课堂约定扣 1~3 分，积满 10 分可获得 1 枚"谷粒币"。同时，将小组合作与微光手册结合起来，在课堂上善交流、会合作、能展示的小组全组成员可获得 1~5 分的积分奖励。在这样的激励下，课堂更有活力，学生学习也更积极了。

课后作业"评等级"。学生课后学习任务的完成质量参差不齐，作业质量无法保证是数学老师们头痛的一个点，作业不用心、敷衍对待，部分同学的书写实在堪忧，个别孩子有错不改……有了"谷粒币"做帮手，孩子们的课后学习任务的质量问题得到极大改善。对于书写工整、质量高、有思考的作业评分 A+，5 个 A+ 即可兑换 1 枚"谷粒币"。及时改错的孩子可获得 1 颗星，10 颗星可兑换 1 枚"谷粒币"。优等生可争取 A+，后进生也可通过积极改错来获得星星，这样无论是拔尖的孩子或是学习稍显落后的孩子都有了"好好完成课后学习任务"的动力。

借助"谷粒币"的发放规则，让评价贯穿于数学学习的全过程；通过微光手册的记录，让学生的进步有迹可循！

### 【家长篇】

学生综合素质评价是教育评价的基础环节。光华实小的微光手册是学生综合素质评价的重要载体，是沟通学生、学校、家长的重要纽带。

微光手册评价结果具有科学性。从一年级到六年级，微光手册中的评价要素、重点和要求会根据学生成长特点而设定，符合学校教育"螺旋式上升"规律。同时，评价指标不是唯分数论，而是更注重对学生学习过程的评价，是从分数评价走向过程性评价与真实性评价的融合，是对素质教育理念的深入践行。

微光手册评价结果具有全面性。微光手册评价涉及文化课、道德品质、音乐美术体育、劳动手工等方方面面，全面反映孩子在校情况，对家长全面了解孩子学习状态并积极配合学校工作开展、促进孩子德智体美劳全面发展具有积极意义。

微光手册评价结果具有激励性。孩子们通过自身努力，在微光手册积累"谷粒币"，每学期末学校谷粒仓开放，孩子们都能兑换到自己喜欢的小礼物，于无形之中让孩子们浸润校园文化，生动有趣又富有激励性。

——守望校助　廖洪兰

这是一本看得见爱和成长的手册，尊重孩子的差异，将合理而丰富的评价方案，分散在一个个可操作性很强的具体场景中，让过程性评价这个难题不再看不见、抓不住。

这本手册就是一台多维的显示器。让家长除了和老师沟通以外，还有了更直观地了解孩子的工具，看到了孩子原来被遮盖的闪光点。有了微光手册这个评价工具以后，我们能更加及时地了解孩子的学习情况，不仅能看到孩子的成绩，还能发现孩子学习上的问题出在哪里，继而及时与孩子进行沟通。

这本手册就像一个聚合器，将每个孩子独特而微小的光芒聚拢在一起。以往单一的评价体系，可能会让不少孩子身上的光芒被忽略；而多元的评价体系，能让更多的孩子接近光，并最终成为光。

为什么"谷粒币"有这么大的魅力？我想不是因为这些"谷粒币"本身以及可兑换的东西，而是因为孩子真正感受到了被认可。我想，这才是一个孩子发生转变最根本的动力。评价主体的多元化，更是将这本手册变成了放大器，让我们在参与评价的同时，照亮更多人，影响更大的群体。

过去老师的评价方式比较单一也比较传统，评价次数也有限。现在有了微光手册，学生可以自评，同学可以互评，老师可以评价，家长也可以评价。大家的评价都汇集在一本手册上，实现了评价主体多元化，也使我们这些评价主体更能用发展的眼光去看待孩子，淡化横向比较，注重纵向比较。

所以我觉得它不仅是一本手册，更是一把照亮孩子们前行的火炬。微光成炬，向光而行，假以时日，光华实小的小麦粒们必将成为光，并散发光。

——守望讲师 赵铭伟

# 第二节 课程资源统筹促进一个"全"

学校统筹课程资源，拓宽教育途径。"家长微光汇"之"守望讲师"自开设以来，每学期有近百位各行业的家长为孩子们带来不一样的课程；"社会微光汇"开展的川剧、手影、音乐会、儿童剧等多场专题课程，创新了协同育人模式。

## 一、搭建"微光汇"平台，宣讲家庭教育新定位

家庭是未成年人健康成长的摇篮，家庭教育在未成年人思想道德建设中具有重要作用，是学校教育和社会教育的基础。2022年1月1日开始施行的《中华人民共和国家庭教育促进法》规定未成年人的父母或者其他监护人负责实施家庭教育，家庭教育从"家事"上升到"国事"，所有家长将"依法带娃"。作为温江新城区第一所公办小学，光华实验小学校始终把家庭教育作为重要工作来抓。建校初期，学校周边以外来务工人员家庭、购房入户家庭为主，还有部分留守儿童家庭。学校面对的是特殊的建校背景、特殊的社区环境以及特殊的家长群体。为此，学校围绕"生命教育·至美主张·麦芒文化"的顶层设计，构建"三一"德育实施体系，以培养思想正的红孩子、习惯优的好孩子、实力强的能孩子为育人目标，实现孩子们阶段发展，同时积极探索科学、有效的家校共育之路。"双减"背景下，为更好地实现减负提质，让教育回归本真，学校优化升级原有的"至美家长学校"，创新家校协同育人模式，搭建三级"微光汇"平台，从教师、家长、社会三方入手，整合教育资源，提档家庭教育。"微光"，即每一个人身上的小小闪光点，"汇"意为汇聚、链接和传播。微光点亮微光，无数个光点就能汇聚成一个光圈，一个个光圈就能汇成一片光芒。教师、家长、学生每个人身上的微光，相互吸引、相互照亮、相互托举，共同守望孩子的成长，助力学校办学品质的提升。光华之下，苗壮成长，颗颗饱满，迈向光芒。

## 二、"教师微光汇"，助力实现家庭教育新进展

家庭教育与学校教育及社会教育构成了教育的有机整体，其作用是学校教育和社会教育无法替代的。在关注家庭教育的同时，不能忽略教师在家校沟通中的重要作用，教师以专业化的知识有步骤、有计划地引领和指导家庭教育，并通过学校"教师微光汇"平台共享家庭教育经验，共谋家庭教育发展。

（1）"三级家长会"为切入点，助家庭教育明方向。教师应帮助家长进一步了解学校，了解孩子的在校生活，引导家长更好地关注孩子成长，与学校携手形成教育合力，让孩子快乐生活、健康成长，成为德、智、体、美、劳全面发展的有用之才。校长通过校级家长会向一年级家长做"文化立校促发展，五育融通助成长""家校携手共育""家庭教育实例"等主题分享，诠释学校春风化雨、润物无声的教育文化；从办学理念、学校精神、育人理念、培养目标等全面介绍"生命教育·至美主张·麦芒文化"的学校顶层文化。借着"家庭教育宣传周"的东风，通过年级家长会宣传《中华人民共和国家庭教育促进法》，推广正确的家庭教育方法，帮助家长树立"依法带娃"的责任意识及正确的教育观念，积极营造家—校—社协同育人的良好氛围。各年级分别以"小细节，大教育""科学'双减'，智慧育人""五育并举，共促成长""携手共进，遇见未来"等为主题，根据本年段学生的身心特点，结合当下的教育痛点、难点，从习惯、阅读、书写、时间管理等方面给予家长指导性的意见和建议。通过班级家长会关注不同层面的学生的全面发展。寒暑假中，各班根据实际情况，班主任和科任老师邀请家长参与线上家长会，针对假期时间规划、亲子陪伴、劳逸结合以及假期安全等进行交流和探讨。

（2）"三段式家访"为立足点，建家校教育共同体。教师根据学生在校表现及与家长的线上沟通情况，在学期前、学期中、学期末分阶段进行入户家访，让家校成为有力的教育共同体。孩子的成长，离不开家庭，作为老师，必须走进学生家庭，全面了解每一位孩子的生活环境、家庭氛围及居家表现，从而将学校教育和家庭教育融会贯通，充分发挥家校合力。通过家访，家长们感受颇深。比如，一年级学生隽言的妈妈说，我家孩子刚入校时不懂管理情绪，活脱脱一座"活火山"，随时都有可能爆发。与老师交流后才知道，

孩子的脾气在家人这里可以得到包容，但这一定会影响孩子的人际关系，甚至成为孩子成才路上的不利因素。因此，关注孩子的个别行为，及时引导纠正至关重要。关于家访，教一年级的花宏月老师说，教育不是针对一个孩子的，更多的时候是面向一个家庭，家访让我重新审视自己的工作，多了一份思考：也许班主任的工作还需要一项很重要的能力——共情，我们要能发自内心地感受别人的喜悦和悲痛，不仅能理解别人，而且能和世间万物相联系……

### 三、"家长微光汇"，助力开创家庭教育新局面

为更好地落实"双减"政策，"至美家长学校"不断优化升级，"守望讲堂"应运而生。通过家长进校"1+N"活动（1，指1位守望校助，一天全程跟岗学校教育教学及后勤管理；N，指N位守望讲师，每周6～7名家长进入班级授课）积极创新家校协同教育模式，整合资源，守望孩子的成长，助力学校办学品质的提升。

（1）做文章，突出守望校助的作用。"明月闻杜宇，南北总关心。"孩子在学校学什么、吃什么这些问题，在见多识广的父母面前似乎也蒙着一层神秘的面纱，成为父母最为关心的事情。开展家长进校"1+N"活动，定期或不定期地邀请一名家长以守望校助的身份参与学校管理工作，近距离了解孩子们的日常校园生活。守望校助们深入学校，以笔传情，写下了《麦穗双歧，仓箱可期》《家校共育，颗颗饱满》《粒粒饱满，绽放麦芒》《落实"双减"政策，守好教育阵地》等篇篇感受，从守望校助的角度向家长们阐述了学校如何以文化人、以教育人、以食养人，用另一种方式领略学校"麦芒"文化的独特魅力，了解学校"德智体美劳"全面发展的教育模式，感受孩子丰富多彩的校园生活。

（2）下功夫，打造"守望讲堂"品牌。学校前期通过问卷调查，由家长自主申报组建了守望讲师团队，学校根据家长自主申报的内容，结合各年段学生的身心特点，甄选出每期守望讲师名单及主讲内容。仅本学期，就有近五十位家长作为守望讲师走进校园、站上讲台，结合自己的工作特点、兴趣爱好等，为学生带来不一样的课程。他们有的是归国博士，有的是大学教授，有的是退伍军人，有的是企业高管……职业也涵盖了航空、金融、教育、

文艺、体育等行业。他们准备的课题五花八门，"论青少年追星的正确方式"，聆听"见大人物，生大抱负"及如何"靠近光，追逐光，成为光，发散光"；"为什么要上大学"让我们知道如果没有目标，不管你走多远，都是流浪，所以我们需要一个清晰可触的目标、一份永不枯竭的动力；"初学围棋"让我们在对弈之间明白"棋如人生"，体会到"人无远虑必有近忧"……川剧团退休的爷爷将中华语言文化的精华——成语、歇后语融入课堂，向孩子们展现了中华文化的艺术与魅力，精彩的戏剧表演铿锵有力，有趣的小品表演声行并茂，瞬间拉近了与孩子们的距离；当过特警队员、短兵教练的爸爸带来了一场特殊的兵道课，讲述了短兵的起源、发展和盛行，他告诉孩子们——你们是幸福的一代，也是责任重大的一代，是祖国未来的守卫者，应从小热爱学习、强健体魄，树爱国之心，立报国之志；警察爸爸走进课堂为孩子们带来安全交通知识，在马路上不嬉戏打闹，不横穿马路，遇到信号灯，宁停三分，不争一秒，学会保护家园，爱护一切交通设施，做一个知法、懂法、守法的好少年；环保公益大使小姨利用废旧物品再创作，为孩子们带来环境保护趣闻及公益心得……

　　根据授课反馈情况，学校还邀请部分守望讲师跨年级返场上课，如曾为六年级授课的在四川博物院工作的志愿者妈妈，再次到学校为三年级的同学们带来守望讲师循环课"博物馆的力量"，精彩的授课使沉睡数千年的文物变得熠熠生辉：三星堆中的青铜大立人、金沙遗址中的太阳神鸟、陶石艺术馆中的击鼓说唱俑、书画馆中的笔墨丹青、张大千艺术馆的拥衾仕女图……志愿者妈妈最后说道，博物馆是孩子们的第二课堂，是人类终身学习的场所，欢迎同学们去四川博物院参观。微光从此不再是微光，必将不断汇聚成一片璀璨星河！

## 四、"社会微光汇"，助力开拓家庭教育新高度

　　为传播先进的家庭教育理念，使家长掌握科学的教育知识和方法，学校还优化内容结构，充分挖掘、筛选社会优秀资源，通过问卷调查，确定专题，邀请法律专家、家庭教育专家、心理学专家等到校就家庭教育、亲子陪伴、亲子沟通等举办"社会微光汇"，以线上、线下双线并进的方式进行授课。

比如，在家庭教育宣传周期间，为了更好地促进家庭教育健康发展，使学校教育与家庭教育形成合力，学校邀请四川蓉桦律师事务所高级律师谢裕国先生到校以直播的形式为全体家长及教师进行《中华人民共和国家庭教育促进法》相关知识的讲解。为扎实做好六年级学生思想和心理疏导工作，进一步减轻学生心理压力，营造良好的校园氛围，学校邀请温江心育团队的吉祥老师做"关注心灵 守望成长"为主题的心理健康教育家长讲座。主要从青春期前期孩子的特点、如何应对孩子身心变化、开展孩子生命教育、坚持家校良好互动四个方面，围绕六年级孩子希望能与大人良好沟通和被理解、被关爱的心理期望，以及目前家长最担心的孩子的"厌学"问题等，结合身边的实例，向家长讲解小学生心理健康的重要性、家庭良好亲子沟通的必要性、家庭生命教育的有效性。除此之外，学校还邀请了部分在家庭教育上有独特方法的社会人士到校做交流。同时，学校还通过学校党支部与社区的联动，组织家长到社区进行培训学习……

想要走得快，就要单独上路；想要走得远，就必须结伴而行。学校将继续完善"微光汇"平台，将一群志同道合、怀揣教育梦想的教师、家长聚集在一起，互相学习和影响，用爱慢慢地滋润、用情静静地坚守、用心默默地呵护，和家长携手前行，让每个家庭都能行走在有温度的教育之路上，让家长、学生、老师都能遇见更好的自己，遇见更精彩的教育。

## 【家校社协同育人案例】

### "一粒粟"种植园开园仪式家长发言稿

#### ——校级家委会代表：胡莉

尊敬的各位领导，各位老师，亲爱的同学们以及各位家长：

大家下午好！今天，我们在这里举行"一粒粟"种植园开园仪式。首先请允许我代表校级家委会向孩子们表示热烈的祝贺！因为从今天开始，你们将成为光华实小第一批"一粒粟"种植园的小主人，你们将开启一段新的播种旅程。昨晚收到通知后，我就一直在回忆自己的童年生活。那时，我最快乐的时光，就是周末到农村老家翻翻地、施施肥，等等！愉快劳作的同时，嘴里还唱着"太阳光金亮亮，雄鸡唱三唱……幸福的生活从哪里来，要靠劳动来创造"。这首儿歌的名字就是《劳动最光荣》。

从古至今，中华民族就是勤劳勇敢的民族，在中华民族的土地上，我们的祖先用勤劳和智慧创造了璀璨夺目的中华文明。在上古时代，所有的发明创造、技术革新都是从劳动中来：看到滚动的石头，古人发明了滚动的车轴；古人把树叶串起用来遮蔽身体，衣服就此产生；看到野蚕吐丝做茧便想到将蚕丝织成布匹，从此有了丝绸；用烧焦的树枝把太阳、月亮、男人、女人的形象和发生的故事画出，最早的文字出现了；为了采摘、狩猎更方便，发明了工具。随着历史的车轮滚滚向前，我们的先祖从黄河流域走出，在长江流域等地开创出广阔领土。劳动创造和劳动智慧贯穿了中华文明形成、发展、辉煌的全过程，劳动成就了中华文明！

今天，在光华实小这片土地上，孩子们也将奏响"劳动最光荣"的时代最强音。

"一粒粟"种植园，旨在劳动价值与意义的挖掘。孩子们，你们将会在劳动实践中逐渐理解劳动创造历史和创造人的本质。学校劳动教育也将为你们提供认识自己、认识社会、认识世界的机会。你们在实践中也会学着合作、学会分享，体验劳作的艰辛，懂得劳动最光荣、劳动最崇高、劳动最伟大、劳动最美丽！

"一粒粟"种植园，注重劳动情感与精神的传承。奋斗者是精神最为富足的人，也是最懂得幸福、享受幸福的人。孩子们，"锄禾日当午，汗滴禾下土"的诗句不能仅仅停留在书本上，你们要用实际行动传承中华民族热爱劳动的基因。

"一粒粟"种植园，坚持劳动技能与本领的培养。人世间的美好梦想，只有通过劳动才能实现。你们要学会有关劳动的技能、本领，掌握劳动的方法，不让劳动教育流于形式。劳动教育不是简单地让你们出大汗、下大力、下苦力，而是要求你们勤思考，在劳动中练就新的本领。

孩子们，你们需要亲手触碰泥巴，才能知道什么是奋斗、什么是劳动。当然，种植只是众多劳动方式中的一种，只有通过学习并结合实际，让劳动锻炼你们，让劳动改造你们，才能让你们在劳动锻炼中健康成长，从而真正成为祖国新一代有理想、有知识、有能力的可靠接班人。今天你们用双手播下种子、播下希望；明天你们不仅会收获成熟的果实，更会收获成功与喜悦。"幸福的生活从哪里来，要靠劳动来创造。"让我们再次唱响《劳动最光荣》，让我们再次为自己是平凡而努力的劳动者感到自豪！

家校合力促"双减"，五育并举润花开
——2021级7班钱臻同学妈妈

各位老师，各位家长：

大家好！我是2021级7班钱臻同学的妈妈，很荣幸能有今天这样一个和大家共同学习、交流的机会。我发言的主题是"家校合力促'双减'，五育并举润花开"。我将从"双减"背景下学校和家庭两个阵地对孩子五育的培养，跟大家分享一下我的所感所悟。

1. 学校阵地——落实"双减"政策，践行五育融通

通过学校公众号、班主任日常传达的信息，以及和孩子平时的交流，我能真切感受到学校切实有效地将"双减"政策落地。尤其是通过微光手册，更不难看出，学校对于德智体美劳五育有着专业的、细致的顶层设计，成体系的五育并举是经过精心谋划且具备科学性和持续性的。仅我所知道的就有阳光大课间、劳动课程、科技节、特色艺体社团等。我的孩子有幸能成为足球社团中的一员，并在几位老师的带领下和队友一起，连续两年为学校赢得成都市校园足球联赛一等奖的好成绩。在社团里，孩子们学会了在竞技体育中如何在规则的约束下去赢，如何体面并且有尊严地输。三年的足球社团生活，让孩子的身心都有了明显的变化，不仅增强了体魄，也磨炼了他的意志。除此以外，让我印象最深刻的是每年的读书节。班主任把孩子们读书的视频发到班级群，他们的表现令我真想回到学生时代，真羡慕现在的孩子能有这么愉悦的校园生活。读书节，让一个个故事、一部部经典浸润着孩子们稚嫩的童心。"润物细无声"，这才是教育的最高境界。

2. 家庭阵地——支持"双减"政策，践行五育融通

"双减"政策减轻了学生过重的作业负担、压减学科类校外培训机构，让学生有更多的课余时间可以做自己感兴趣且有意义的事。以前，我也给孩子报了一两门学科类培训，现在，我没有再继续报名。我们也因此有了更多

时间和精力，对孩子进行除智育外的其他四育的培养。

德育：年初，我和孩子一起递交了成都市少年志愿者的申请，并在上上个月，拿到了正式的志愿者证书。帮助别人，参与公益，可以让他更真切地体会"予人玫瑰，手有余香"的道理。为了培养孩子的家国情怀，我们家长还会同孩子一起观看奥运会、载人火箭发射，以及像《长津湖》这样的革命题材电影。

体育：除了足球，孩子还爱好游泳。"双减"后，课业压力变小了，在保证睡眠的前提下，孩子每周可以游泳 3～4 次，写完作业后还有时间夜跑2000 米，以锻炼体能。身体发育得好，大脑才能适应越来越高的学习强度。在漫长的人生中，有一个健康的体魄，才有享受生活的资本，才是人生的真正赢家。

美育：在日常生活中培养孩子的审美能力。比如，营造"美"的家庭布置，教孩子整理收纳，告诉他简约整洁之美；在撒哈拉看星空，在鱼子西观蜀山之王贡嘎，尽量带孩子回归山野，引导孩子发现大自然之美。

劳育：在家庭劳动方面，孩子也有明显的进步。这学期，他用在学校里学到的知识自信满满地去和姥姥一起种黄瓜，翻土、播种、浇水，乐此不疲。平时也会主动帮忙拿餐具，换垃圾袋，他还骄傲地对我说，这学期已两次被评为劳动之星。

古人说，"万人操弓，共射一招，招无不中"。要想培育出与时俱进、符合时代要求的新型人才，家庭和学校两个阵地应心往一处想、劲儿往一处使，拧成一股绳，充分发挥家校合力。最后，作为家长，我要真诚地对学校、对老师们说一声"谢谢"。感谢你们真诚无私地付出，感谢你们如此用心用情用智慧去培育学生！祝光华实验小学校岁岁芬芳、年年桃李！祝老师们、家长们生活幸福、身体健康！

# 第三节 课程实施环境突出一个"美"

学校以"麦"的自然和人文属性为主题的环境文化逐年实施，麦芽诗社、俟实图书馆、实粒少年国学园等体现了"麦芒"文化韵味，让校园每一处都成为美丽的课程资源，实现环境育人。

## 一、基于学校文化命名课程微景观

我们深入挖掘学校精神与内涵，以"麦芒"为学校精神文化象征物，让环境打造与学校课程建设有机结合，将学校文化化为有形。"麦香""麦艺""麦收""麦浪"等主题，以"麦"的自然和人文属性引领教育发展，打造了"颗颗饱满，迈向光芒"展示区、麦浪涌动运动区、麦粒充实启智区、麦田艺术创意区四大主题文化微景观，体现了"麦芒"文化韵味。

## 二、基于儿童视角建设课程微资源

在环境营造上，从儿童可视、可感的视角来整体设计、建设校园各场域，以麦穗物型环境打造课程意象，形成课程微资源，用无声的环境浸润心田。如，德育场域——光芒舞台，阅读场域——俟实图书馆，体育场域——篮球公园，艺术场域——"陶出精彩，布同凡响"廊，劳动场域——"一粒粟"种植园，等等。让校园每一处都成为美丽的课程资源，实现环境育人。自上而下的顶层架构，自下而上的实践探索，伴随学校省级课题"五育融合视域下基于学校文化的课程建设研究"的开展，这张逐渐"长出来"的大课表让我们看到了更多惊喜与未来。

1. 国学讲堂·红孩子启蒙坊

"蒙者，蒙也，物之稚也"，国学经典，童蒙养正。"红孩子启蒙坊"——实粒少年国学讲堂，设计感来源于传统的天圆地方哲学思想和象征着知识传承的竹简，目的是让孩子们触摸文化根脉，把握文化精髓，增强文化自信，传承优秀文化。同时，这里还建设了"红色阅读角"，陈列红色经典书籍和儿童版党史读物，让孩子们在书香中浸润红色文化。

2. 国际化连廊·走向世界

基于"大处着眼，小处着手"的理念开展国际理解教育，多次承办省市国际理解、中外人文交流活动。从国学讲堂到我的世界（国际理解教育廊），寓意孩子们立足传统、放眼世界，这里是根据孩子们喜爱的积木拼图游戏设计的"我的世界"文化点，每一个小方块象征着孩子为建造自己的世界所付出的一次次努力和一点点进步。穿过连廊，就代表从我的世界走向全世界。

3. 俟实图书馆

这是学校图书馆——俟实馆，馆名取自唐代文学家韩愈《答李翊书》中的"养其根而俟其实"。而阅读才是养根，能滋养精神，厚实底蕴，饱满才华，最终结出智慧果实。为了实现这一初衷，图书馆的设计布置处处彰显精巧用心，原木色调、柔和灯光、绿植映衬、阶梯式阅读等，令学生心静身安、抛开杂念，沉浸于书中天地。图书馆也是我们思想政治建设、思想教育的一个重要场所，老党员讲故事、班级红歌赛、青年读书会、党日活动等都在这里举行。固定区域陈列着学校为师生推荐的党建书籍和红色读本，我们坚持把红色教育与学科教育工作相结合，把思想根脉无声厚植于师生生命中。

4. 麦香朗读亭、麦芽诗社

麦香朗读亭是老师和学生展示声音魅力的舞台，在这里开展过"大雅和鸣、小雅和颂"红色经典诵读活动。麦芽诗社是校园最静谧的角落，也是校园最具诗意的文字天堂。

5. 陶艺布苑·红孩子展示坊

每年五四青年节、六一儿童节、少先队建队日和国庆节等重大节日前，都要在这里轮流进行党员与团员、队员及准队员的学习、考核和互动等活动。

# 附录 1

麦芒党建引领，双星榜样示范

——温江区光华实验小学校党支部2023年度基层党建创新项目结题报告

为深化"守望麦芒党旗红"党建品牌塑造，落实立德树人根本任务，实现"带活、带优、带实"队伍，抓实党团队一体化建设，构建党建师生双"4+"课程，通过"麦芒党建引领，双星榜样示范"创新项目培育和发展，围绕中年教师（35岁以上）爱岗敬业、乐于奉献、专业引领"榜样之美"，青年教师（35岁以下）勇于开拓、锐意创新、严谨治学的"进取之心"，践行"迈向光芒的卓越精神"，助力教师队伍梯队建设，铸造团结奋进、开拓进取的教师团队，推动学校高品质发展。

我校提出并实施的"麦芒党建引领，双星榜样示范"创新项目，每学年组织学习宣传评选方案，结合当年学校中心工作给"麦田双星"画像，明确奋斗目标，勇于实践创新，将创先争优行动同学校党组织领导的校长负责制、师德师风建设等中心工作相结合，在日常工作中培育、发现、学习身边的先进，以"双星"的标准要求自我，人人争当"双星"。主要采取以下几项措施。

一、向上看"天气"，五结合铺好"育"的保障链

坚持"为党育人、为国育才"的教育使命，及时把握国家方针政策，对学校队伍建设的高要求、高标准必须时刻向上看"天气"。

（一）目标导航

为形成更加高效的教育运行机制，结合党组织领导的校长负责制，为更好地契合学校"麦芒"文化，激发学校内部活力，制定了《温江区光华实验小学校"麦田守望者""麦田新锐星"培育评选方案》。

（二）双向培养

充分调动广大教师的积极性与创造性，增强教师归属感与荣誉感，为教师系好"红带子"，发挥优秀教师的示范带头作用的同时，逐渐形成将名优骨干教师培养成"双星"，将"双星"培养成名优骨干教师的双向培养模式，建设了一支爱岗敬业、乐于奉献、专业引领"榜样美"的骨干教师队伍，培养了一批勇于开拓、锐意创新、严谨治学的年轻教师队伍。

二、向下接"地气"，四环节做实"选"的过程链

按照学校制定的评优方案，学校各项工作高品质推进过程成为榜样双星的孕育场，党支部系统实施并引领全体教师全程参与，评选出大家公认的拥有"榜样之美""进取之心"的"麦田守望者"和"麦田新锐星"。

精心部署，发布倡议。在充分依据评优方案的同时，在每年评选节点由学校党支部充分调研，细化完善方案，制定当年的评选细则，制作精美的倡议书，向全校教师宣讲发布，拉开评选活动帷幕。

根据评选方案，结合工作实际，分三轮推选出本年度的"麦田守望者"和"麦田新锐星"。第一轮，各年级组和综合学科教研组的老师们根据自己的观察了解在本组内按比例推选出相应人数的候选人，充分挖掘身边真正干实事、善合作、出实绩的优秀同伴。第二轮，学校党支部深入教研组、班级对候选人进行调研，综合师德师风、育人成效、教学实绩等进行资格审查，随后全校教职工大会民主投票，选出前 20 名。此环节体现了党支部对队伍的思想引领作用，同时又在不同学科、年段、岗位等形成了"比、学、赶、帮、超"争创一流业绩的氛围。第三轮，综合考评组意见，结合思想引领、专业示范、业绩成效，经综合酝酿、充分讨论后确定 10 位"麦田守望者"和"麦田新锐星"。

---

他们是守望先锋，将光辉深藏角落，风雨兼程、朝夕不倦、春种秋收，呵护麦粒成长，引领新锐进步。

——麦田守望者

青春之新，面貌之新，思维之新；进取之锐，求真之锐，开拓之锐；夺目之星，优秀之星，实力之星。

——麦田新锐星

---

三、左右聚"人气"，三重奏抓优"讲"的关键链

（一）用心撰写，倾情铸造

每位守望者都有不同的感人故事，每位新锐星都有不同的成长足迹，支部支委深入走访每位"麦田双星"获得者及其身边的同事、陪伴的学生、家中的亲人，用心为每位守望者、新锐星撰写颁奖词，精心设计铸就个人专属奖杯。

（二）现场颁奖，主题宣讲

结合重要节日和节点策划并举行隆重的颁奖活动表彰获奖教师。年终总结暨师德学习大会上，徒弟们通过"身边人讲身边事"访谈讲述"麦田守望者"的感人故事；五四青年节党带团活动"麦田新锐星"激情演讲个人成长故事。每一个故事、每一次成长中，党支部都给予了充分关怀，搭建平台助力成才。颁奖现场，由获奖者中的党员代表担任活动策划、主持。支部委员为每一位"麦田守望者"深情送上颁奖词，表达深切的敬意；为每一位"麦田新锐星"宣读"新锐寄语"，激励教师奋发有为。

（三）多元宣传，扩大影响

支部组织拍摄专题视频、制作精美画报、凝练教育思想、开设"微光汇"和撰写教育故事，并利用学校网站、微信公众号、各级会议及媒体等平台全方位、多形式广泛宣传"麦田双星"，充分展示他们的先进事迹和优秀成果，进一步扩大影响力！增强老师们静心从教、潜心育人的责任感、荣誉感和幸福感，促进师德修养的提升，树立光华实小至美教师形象，向全社会树立起新时代教师标杆。

四、前后造"生气"，二课程深化"用"的拓展链

"麦田双星"评选的意义和价值，更多体现在他们以后的工作进程中为团队注入的生机与活力。他们是灯塔、是旗帜、是堡垒，榜样的力量催人奋进！学校党支部搭建舞台、提供机会，引领"麦田双星"在他们擅长的领域与党团员协同开展各项工作，既能不断扩大"麦田双星"的辐射力和影响力，更能不断丰富拓展党建"双4+"课程的内涵外延，纵深推进教师"四篇"和学生"四红"课程实践创新！

（一）思想专业齐引领，提升教师"四篇"课程品质

（1）突出政治引领，构建教育信仰"基础篇"。主题教育学习中，党员"双星"教师应积极组织并参与学习分享，积极建言献策，在先锋示范岗、"我为群众办实事"等方面凸显双星榜样的先锋模范作用；"双星"教师带头深入学习"四有好教师""中国教育家精神"等重要论述，增强教育信仰。

（2）突出工作常态，做好教学常规"实践篇"。精心打造双星品牌"守望课堂""新锐课堂"，通过"思享"课堂提质效、学科拓展扬特长、跨学科融合强素能，不断丰富和完善学校"美立方"课程体系。

（3）突出激励担当，铸造团队精神"拓展篇"。学校党支部组织守望者、新锐星在"教师微光汇"中座谈分享，构建了"一名双星、一门课程、一组师徒、N名学生"的"1+1+1+N"的辐射影响模式。

（4）突出领航赋能，着力特色引领"蜕变篇"。学校党支部给"双星"压担子、加任务，部分"麦田双星"代表参加学校承办的大型课程研讨活动，参加国家、省市区各级赛课，部分教师成为跨学科CEO、教研组长、学校管理团队成员……

（二）党建思政一体化，做亮学生"四红"课程品牌

通过组织架构一体化、思想引领一体化、活动开展一体化、考核评价一体化"四个一体化"抓实大思政教育，将"守望麦芒党旗红"党建品牌建设融入学生精神培养，发挥"麦田双星"榜样示范作用，着力推动党—团—队育人链条相衔接、相贯通，实现党—团—队一体化育人，赋能学校全面高品质发展。大力投入德育红孩子课程建设中，深度推进实施以"培根、育心、铸魂"为重心的"四红"课程。

（1）红旗飘飘培"红"基。学校以光芒舞台为载体，开展"一班一展"风采活动，研发红旗飘飘主题课程400余节次，铸爱国根基。

（2）班级特色润"红"心。开发"请党放心，强国有我""雷锋精神，永放光芒"等特色主题课程200节次。

（3）传统节日染"红"色。依托传统节日研发"青山埋忠骨，山河念英魂""贺中秋"等主题课程80节次，弘扬传统美德、坚定文化自信、厚植爱国情怀。

（4）四礼课程育"红"人。"入学礼"敬师、"入队礼"爱国、"成长礼"立志、"毕业礼"感恩，传承红色基因，培养根正苗红的红孩子。

学校"守望麦芒党旗红"党建品牌不断提升效能，实施了"麦芒党建引领，双星榜样示范"创新项目，带活了教师队伍，规划重构了教师成长路径，深化了学校"红孩子"课程实施，推动了学校党建工作与业务工作从"表面结合"向"深度融合"转变。

# 附录 2

课程那些事儿

（2023 年成都市"未来教育家"主题研讨暨
省级课题推进活动现场"课程沙龙"论坛整理稿）

主持人：亲爱的老师们上午好，欢迎来到光华实小新一期侯实沙龙。课程是教育发展、学校育人的蓝图，只有依照蓝图描绘的基本路径，正确开展教育教学活动，教育才能高质量、可持续地发展。通过周校长的相关汇报，大家一定对光华实验小学的"三阶—五美"美立方课程体系充满了好奇。那么本期沙龙就将围绕光华实小的课程那些事儿展开互动和讨论。

学校的课程建设与变革是否有效？作为课程实施者的老师们，是最有发言权的，课程改革实施以来，老师们觉得最大的变化是什么？

小赵老师：我认为最大的变化是，课程改革完全打破了我们对学生原有的认识，看待学生更多元了。

罗老师：是的，而且教师实现了角色转变，老师从课堂上的主导者变成了学生获取知识的引导者。

周老师：学生需要增强主动思考、创新探究的能力，老师们需要具有更高的专业素养和综合能力。

（板块一：国家课程高质量实施）

主持人：是的，课程作为教育的重要中介和桥梁，是教学的主要载体，其建设意义重大。而做好课程建设，必须从高质量实施国家课程开始。杨老师，你对此怎么看？

杨老师：确实是，语文课程是学生学好其他学科的基础，而培养和提升学生的表达力是语文课堂的重要任务，也是我们学校思享课堂的重要目标之一。我们深挖和拓展教材，通过分年段、分板块深度研究实践，将学校文化理念不断深化、落地到课堂，亲历了孩子们表达力从"精准"到"精彩"的阶梯式发展过程。

首先是立足教材，从文本的语言建构入手。我们挖掘文本资源，向名家名篇学表达。低段，仿说、仿写；中段，拓展、扩写；高段，品读、赏析。就这样在思享课堂上，紧紧围绕"向作家学表达"的教学目标，开展多种形式的教学活动，提升孩子的表达力。

其次是重视语文实践活动，从交际场景入手。生活的外延有多宽，语文的外延就有多宽。因此，我们对课堂进行创新性重构，创设多种口语交际场景，如讲故事、演讲、辩论等，拓宽学生表达范围。我们年级坚持了五年多的"课前三分钟值日报告"，内容广泛、形式多样、人人参与（按照学号轮流承担）。比如我们班的蒋同学，从刚开始张不开口，急得掉泪，到今天自信大方地表达，简直是质的飞跃！通过每个孩子每学期至少承担4次值日报告，使他们在体验中提升了表达力，增强了自信心。

最后是坚持由读到写，从真实需求入手。习作，是学生自我表达和对外交际的需求。我们坚持由读到写，用好课内外双循环，通过课堂小练笔、习作精练、自评和互评、循环日记等形式，给予学生空间去表达和交往。尤其是循环日记，从三年级开始，我们就建立了小组循环日记本。孩子们有了属于自己的小天地："吐槽"同学、分享秘密、描摹四季、抒发梦想……越写越有劲，越写越自由！班上的特殊事件、思想动向等都能由此窥探一二，俨然成了德育教育的第一手素材。同时，我们利用课堂组内分享、组际交换、全班评议、年级鉴赏等活动盘活循环日记。我们还结合微光手册，建立多形式、多维度的评价体系提升孩子们的表达力。

罗老师：没错，良好的表达力也为其他学科的学习提供了扎实的基础，数学不仅培养学生规范准确的表达，更注重学生数学思维的发展。数学课上，培养学生思考力是提高学生数学核心素养的重要途径，"四小至美娃"中的"小侦探"，便是促进学生思维发展的重要角色之一。课堂上的"小侦探"们拥有敏锐的眼睛和灵动的思维，他们紧跟课堂节奏，经历观察、实验、猜测、推理、验证等过程，把所学知识消化吸收，不断建构自己的知识体系。例如立体图形体积复习课学习，课前，学生根据前置作业单收集整理相关的知识，但很多孩子只注重基本知识整理，没有关注到它们的内在联系和蕴含的数学思维方法。课堂中，"小侦探"们通过发现问题并集思广益，一步一步将知识间的结构体系呈现，建构起立体图形体积的思维框架，跨越了单一的知识层面，让自己的数学学习系统化、结构化。

"四小至美娃"的积极互动让课堂氛围更加活跃，孩子们开始关注学习的进度和深度，并积极寻找问题的解决方案。为了使不同思维层面的孩子得到不同的发展，我们从数学漫画、数学日记、长程作业到萌芽集、成穗集、实粒等出发，构建起一整套学科思维训练体系。为了进一步提升学生的思考力和表达力，我们搭建了班级公众平台，学生可以在平台上进行分享和展示。看，这是我们班的微信公众号，里面有班上孩子的视频，大家扫码就可以观看哦！孩子们从最初磕磕绊绊，到表达流利、逻辑清晰、方法独特，真正找到了学习的乐趣。

（板块二：学科拓展课程）

主持人：让孩子们变身短视频博主，不得不说，罗老师你也太潮了，不仅将孩子们的学习兴趣拉到了最高，更是促进了他们思考力、合作力和表达力的直接发展。老师们不断夯实自己的学科课程主阵地，有力保障了我们国家课程的高质量实施。

周老师：确实。在不断夯实国家课程的同时，我们可以深刻感受到学生素质在不断提高，学生发展的需求也持续增强。因此在课堂中进行学科拓展，注重运用信息科技手段解决实际问题，聚焦学生在真实情境下的实践、应用和创新，也是我们教研小组一直努力的方向。

比如学习人工智能单元时，我们创设了在争创全国文明典范城市的背景下，为了解决垃圾分类问题，需要设计制作垃圾分类智能小助手的情境。可能在座的信息科技老师都知道，学习这部分内容，同学们在利用机器进行垃圾识别时，不能仅仅是"好玩"和"热闹"。所以，在我和孩子们多次试验后，共同得出对关键技能的要求是摄像头对物品的识别度要达到80%及以上，同时，引导学生要用科学、严谨的态度来对待人工智能。

还有，我们学校每学期都要举行数学计算比赛，孩子们在学习了变量和随机数之后，迫不及待地利用学到的知识来帮助数学老师设计智能出题器。

这些都是将技能、素养融入真实情景，并且用信息科技手段去解决问题的案例。

在这样的理念指引下，我设计的一堂信息科技课参加了2023年成都市赛课，有幸获得了一等奖。我想，这就是教师专业成长的幸福感吧。同样，孩子们也能通过在学习过程中充分体验、互动、创作、竞赛等获得成长。小小的科技创作蕴藏着大大的智慧，人工智能方面的国家、省市大奖接踵而至，我和孩子们也会始终坚守这份热爱，继续点亮精彩的信息科技课堂。

主持人：正是学校搭建的学科拓展平台，让孩子们开阔了视野，使每个孩子身上的特质也逐渐显现。为了进一步满足学生个性化发展的需求，我们的学科拓展选修课程及各类社团课程也相继展开。

刘老师：是的，每周一、五都会迎来大家最期待的社团时间，而我们创美科学社团只是32个校级社团、61个年级社团中普普通通的一个。为此，我们在国家课程内容基础上对学科知识进行了更加广泛的拓展和研究，不断更新社团课程。

科学社团的孩子热爱科学、会思考、会质疑，想法天马行空，在课堂上活泼好动。在保持学生好奇心的前提下，探索过程必须严谨、规范，以确保学生科学素养的发展。我的科学社团非常注重社团管理和激励，为此我设计了"五表三星"，用不同表格从不同维度对学生的情况进行记录，再根据分数评选出各阶段的科学明星，提高了学生参与积极性，促进了竞争又激励了学生学习。

在社团内容设置上注重知识间内在关联，以项目化学习开展，通过"激发探究动机—选择情境素材—开展研究活动—解决真实问题"的学习过程，实现应用迁移，做到融会贯通。就拿这学期"趣"再造纸项目来说，项目起源是因为我和孩子们闲聊，他们提到班上有小朋友浪费用纸的现象，于是我乘胜追击，让他们调查浪费情况。孩子们兴趣一下就上来了，自己设计了一份调查问卷，调查了一个年级学生纸张浪费的数据，并做出了分析结论。觉得浪费纸张的现象十分严重，有必要做点什么，这个项目就应运而生了。他们自己选择了感兴趣的方向，组建学习小组、设计方案，自然而然地营造了浓厚的科学氛围，在活动中"学会思考""学会创造"。每个小组还设计制作了项目展板，将自己的思维过程、活动进展展示在展板上，感兴趣的老师可以去科学实验室外墙看看。

孩子的世界总是充满好奇，我希望不管是在课堂上、在社团中，还是在生活里，不是我们去告诉他们答案，而更多的是他们自己在实践中找到答案。前段时间有毕业的学生打电话给我，兴奋地跟我感慨说在社团学习到的方法在生物课上用到了。这个电话让我兴奋了好久，相信我们能继续让孩子们保持纯粹而快乐的科学体验，尽情在科学世界里遨游！

（板块三：跨学科课程）

主持人：感谢刘老师分享的九十三分之一的社团故事。其实，今天的风采展示就是各个社团原生态的成果呈现。社团课程都是本学科内的拓展延伸，但"真实世界"中是没有明确学科划分的，唯有加强学科间的相互配合，才能更好地发挥综合育人功能。近年来，我们学校也整校开启了跨学科课程的探索之旅。

赵老师：的确是这样，四年级跨学科课程团队以"蚕"为学习主题，是我们的"丝蚕袅袅"跨学科课程体系。课程以科学为主学科，融合了语文、数学、美术、信息科技等学科，我通过申报和遴选成为了课程的 CEO。这就是我们跨学科的一系列活动。

罗老师：赵老师，看了你们这些图片，确实特别丰富，那你们的研究过程顺利吗？

赵老师：当然有困难，我们遇到最大的问题是桑叶不够！怎么办呢？有一个孩子就提出能不能用莴笋叶作为蚕的食物。说到这儿，我考考主持人和各位老师：你们认为蚕会吃莴笋叶吗？

主持人：嗯……不会吃吧，我记忆中爷爷奶奶养蚕都是用的桑叶，而且蚕对桑叶质量要求很高！

赵老师：没错。这就是我们固有的认知。既然学生提出了这样的问题，不如就以这个问题为任务驱动，引导学生思考并进行探究实验。最后发现莴笋叶竟然真的可以作为蚕的暂替食物。看，这就是课程的魅力！学生通过养蚕这一真实情境，激发了他们的学习内驱力，遇到问题，能积极寻求解决的办法。惊喜，总是与我们不期而遇。养蚕结束后，一位妈妈发消息给我们的

老师：我的孩子哭了，他感慨蚕的一生既短暂又伟大，每一个认真的生命都很了不起，让人心生钦佩！

看来跨学科的学习不仅提升了学生解决问题的综合能力，更让他们体悟了生命的价值，这不正是课程的意义所在吗！

小赵老师：四年级的"丝蚕袅袅"课程让孩子们体悟了生命的价值，六年级的"职业探索"课程更是让孩子们对"职业"这个词语有了切身体会。我们通过创设真实的职业环境和仿真模拟工作环境，让学生在实践中探究职业、形成职业认知和倾向。

在"确定主题—组建团队—设计方案"后，一场奇妙的跨学科学习之旅就开始了！孩子们通过前期资料收集、小组分享、班级共享，了解职业分类。用具体的数据感受职业的时代变化和优劣势。学校还为我们邀请了澳大利亚老师通过连线为孩子们带来别开生面的医生、警察、消防员、教师等职业课堂，了解不同国家同一职业的共性与特性，从不同角度对职业进行全方位的认识。

在课程实践板块，孩子们有的走进田间地头，体验农耕；有的练摊，做起小老板；有的走进养鸡场，体验农场主的一天；有的踩起缝纫机，穿针引线！孩子们在体验结束后写道：平凡自有不平凡，上至将卫星送上天的科研人员，下至将种子种下的农民，都是世界上平凡而不可或缺的职业，所有职业都在为世界美好而努力……

主持人：平凡自有不平凡，真不敢相信这是小学六年级的孩子在职业探索过程中的认识。小赵老师，能为我们再分享一些其中的趣事吗？

小赵老师：确实有很多特别有趣且引人深思的事儿：（放视频）这个孩子，四年级时，人还没有灶台高，却专门去学习颠勺炒菜。年级上的老师还打趣他，别人周末都是去学学科、学艺术，而他学做菜。但他在职业体验课程中成为孩子们崇拜的明星，咱们在座的厨艺不一定能赶上他呢！

还有一个孩子的妈妈是一名会计，耳濡目染，他也想做会计，他用这个非常幽默的短视频，表达了他对职业的看法。我们一起来看看吧（放视频）。你看，当孩子们面对真实问题的时候，能够用自己的方式去思考、去解决，他们的能力远远超过我们的预期。

这一次我们年级的"职业探索"课程，仅仅是孩子们的职业启蒙之旅，让他们提前接触生活、接触社会。正如李希贵校长所说"让孩子提早在校园把人生体验一遍"，引导他们关注更多有意义有价值的事儿，让他们步入社会时不惊慌、不盲从，拥有处变不惊的人生态度。梦想会带着他们走到最远的地方，未来，他们定会闪闪发光！

（结束语）

主持人：是的，课程不应该仅是课堂知识的传授，更该为人的终身发展提供助力。今天我们和几位老师一起从国家基础性课程聊起，到学科拓展性课程，再到跨学科探究性课程；在我们经历的一件件小事背后，还有许许多多仍在不断探索的光华实小人，他们用心用情，力求用多彩的课程建设，为学生的成长增色。

每一次相聚，都是最美的出发，每一次交流，都是携手共进的修行。各位老师，本期沙龙活动到此结束，我们下期再会。

附录
2

# 附录 3

课程大事记

一、准备、起步阶段（2015—2016 年）

建校即确立"至美"教育理念，以国家课程、地方课程校本化实施为学校课程实施重点，扎实开展团队初期有效融合及研修文化塑造。

（1）2015 年，确立并初步构建"至美"教育理念，开展教师学习讨论会，将理念与研修团队组建、课堂活动实践等紧密结合；

（2）2016 年，乘区域改革东风推进学校班改、课改实践，5 月，举办"赢在课改"中国行（公益）四川温江站全国高端论坛，9 月，数学团队代表成都市参加四川省教学专题研讨活动执教现场课。

二、实践、拓展阶段（2017—2019 年）

逐步丰富学校选修课程，构建"1134"特色研修文化，提出"思享"课堂主张，结合校本研修、市级课题研究开展课改实践。

（1）2017 年 3 月，首批师生赴澳大利亚友好学校开展为期 12 天的交流访问活动，构建"行走的课程"拓展学生国际视野（2017 年 11 月赴加拿大、2019 年 9 月赴法国）；2017 年 7 月，刘恒作老师及四年级学生参加中央电教馆学术交流大会现场课展示活动。

（2）2018 年，学校市级课题"新建校初任教师专业化校本培养策略研究"开题并扎实推进研究，推动学校校本研修提速提质，《整体架构，多维推进促教师专业发展之"1134"策略》创新创优汇报高分获得一等奖。

（3）2019 年 3 月，参与区科研论坛学校研修文化交流；2019 年 5 月，刘莲吟老师获全国绿色课堂大赛一等奖；承办区级语文、数学、英语、科学等 8 个学科学历案研讨活动并接受专项调研。

三、完善、稳定阶段（2020 年至今）

进一步梳理凝练"生命教育·至美主张·麦芒文化"顶层理念，"麦芒"

文化浸润环境建设、团队发展、教育教学，以学历案为载体的课堂变革和课程综合性、实践性发展方面卓有成效，"美立方"课程体系不断丰满完善并逐步扩大区域内外影响力。

（1）2020年，文化梳理确立"生命教育·至美主张·麦芒文化"顶层理念体系，9月，在区域校长论坛宣讲；10月，市教科院到校进行全学科学历案常态课堂温江经验调研，学校做专题汇报；11月，在区艺教会上做学校艺术工作汇报和特色课程展示。

（2）2021年3月，构建绘制"微光德育"课程图谱，7月，"双减"背景下编撰推出"5621"学生评价微光手册，《"微光手册"促五育并举的实践研究》获创新创优汇报第二名（《中国教育报》《中国教育学刊》《四川教育》分别对学校五育课程特色、课堂改革及"提质减负"进行报道）。

（3）2022年，新课标、新课程背景下，学校全面开启学科拓展，跨学科统整课程阅读、培训、研讨及实施活动；学历案课堂研究取得阶段性成果，多次承办现场活动，先后在区教科院科研论坛、省教科所成果推广会上做专题交流。

（4）2023年，课程、课堂、课题研究深度推进，1月，《中小学教育》全面报道我校课程建设，2月，在中国教育学会第三十四届年会微论坛做学历案课堂变革专题分享，3月，主办成都市教师读书现场会并做读书主旨报告，5月，承办国家、省、市级中外人文交流活动，10月，承办成都市"未来教育家"主题研讨活动并做课程主旨报告，11月，在中国教育学会第三十五届年会微论坛做课程专题分享。